*"Meow meow, meow."*

*- Monsieur Meow.*

# MEOW

Meow, meow meow meow. Meow meow me-ow!
Meow. Meow meow meow, me-ow. Meow meow meow
meow, meow, meow, meow meow. Meow, meow meow
meow. Meow meow me-ow! Meow. Meow meow meow,
me-ow. Meow meow meow meow, meow, meow, meow
meow.

Meow, meow meow meow meow meow. Meow
meow meow. Meow meow me-ow. Meow meow meow
meow meow. Meow. Meow meow meow, meow. Meow
meow meow meow, meow, meow, meow. Meow, meow
meow meow. Meow meow meow! Meow. Meow meow
meow, me-ow. Meow meow meow meow, meow, meow,
meow meow. Meow, meow meow meow. Meow meow
me-ow! Meow. Meow meow meow, me-ow. Meow meow
meow meow, meow, meow, meow meow. Meow, meow
meow meow. Meow meow meow! Meow. Meow meow
meow, me-ow. Meow meow meow meow, meow, meow,
meow meow.

Meow meow meow meow. Meow meow meow
meow meow meow meow, meow me-ow! Meow. Meow

meow meow, me-ow. Meow meow meow meow, meow, meow, meow meow. Meow, meow meow meow. Meow meow me-ow! Meow. Meow meow meow, me-ow. Meow meow meow meow, meow, meow, meow meow.

Meow, meow meow meow. Meow meow me-ow. Meow. Meow meow meow, me-ow. Meow meow meow meow, meow, meow, meow meow. Meow, meow meow meow. Meow meow me-ow! Meow. Meow meow meow, me-ow. Meow meow meow meow, meow, meow, meow meow. Meow, meow meow meow. Meow meow me-ow! Meow. Meow meow meow, me-ow. Meow meow meow meow, meow, meow, meow meow. Meow, meow meow meow. Meow meow meow! Meow. Meow meow meow, me-ow. Meow meow meow meow, meow, meow, meow meow.

Meow meow meow meow. Meow meow me-ow! Meow. Meow meow meow, me-ow. Meow meow meow meow, meow, meow, meow meow. Meow, meow meow meow. Meow meow me-ow! Meow. Meow meow meow, me-ow. Meow meow meow meow, meow, meow, meow meow.

Meow, meow meow meow. Meow meow me-ow meow. Meow. Meow meow meow, me-ow. Meow meow meow meow, meow, meow, meow meow. Meow, meow meow meow. Meow meow me-ow! Meow. Meow meow

meow, me-ow. Meow meow meow meow, meow, meow, meow meow. Meow, meow meow meow. Meow meow me-ow! Meow. Meow meow meow, me-ow. Meow meow meow meow, meow, meow, meow meow. Meow, meow meow meow. Meow meow meow! Meow. Meow meow meow, me-ow. Meow meow meow meow, meow, meow, meow meow.

Meow, meow meow meow. Meow meow me-ow! Meow. Meow meow meow, me-ow. Meow meow meow meow, meow, meow, meow meow. Meow, meow meow meow. Meow meow me-ow! Meow. Meow meow meow, me-ow. Meow meow meow meow, meow, meow, meow meow.

Meow, meow meow meow. Meow meow me-ow! Meow. Meow meow meow, me-ow. Meow meow meow meow, meow, meow, meow meow. Meow, meow meow meow. Meow meow me-ow! Meow. Meow meow meow, me-ow. Meow meow meow meow, meow, meow, meow meow. Meow, meow meow meow. Meow meow me-ow! Meow. Meow meow meow, me-ow. Meow meow meow meow, meow, meow, meow meow. Meow, meow meow meow. Meow meow meow! Meow. Meow meow meow, me-ow. Meow meow meow meow, meow, meow, meow meow. Meow, meow meow meow. Meow meow me-ow! Meow. Meow meow meow, me-ow.

Meow meow meow meow, meow, meow, meow meow.
Meow, meow meow meow. Meow meow me-ow!

Meow. Meow meow meow, me-ow. Meow meow meow
meow, meow, meow, meow meow.

Meow, meow meow meow. Meow meow me-ow!
Meow. Meow meow meow, me-ow. Meow meow meow
meow, meow, meow, meow meow. Meow, meow meow
meow. Meow meow me-ow! Meow. Meow meow meow,
me-ow. Meow meow meow meow, meow, meow, meow
meow. Meow, meow meow meow. Meow meow me-ow!
Meow. Meow meow meow, me-ow. Meow meow meow
meow, meow, meow, meow meow. Meow, meow meow
meow. Meow meow meow! Meow. Meow meow meow,
me-ow. Meow meow meow meow, meow, meow, meow
meow.

Meow, meow meow meow. Meow meow me-ow!
Meow. Meow meow meow, me-ow. Meow meow meow
meow, meow, meow, meow meow. Meow, meow meow
meow.

Meow meow me-ow! Meow. Meow meow meow, meow.
Meow meow meow meow, meow, meow, meow meow.

Meow, meow meow meow. Meow meow me-ow!
Meow. Meow meow meow, me-ow. Meow meow meow
meow, meow, meow, meow meow. Meow, meow meow

meow. Meow meow me-ow! Meow. Meow meow meow, me-ow. Meow meow meow meow, meow, meow, meow meow. Meow, meow meow meow. Meow meow me-ow! Meow. Meow meow meow, me-ow. Meow meow meow meow, meow, meow, meow meow. Meow, meow meow meow. Meow meow meow! Meow. Meow meow meow, me-ow. Meow meow meow meow, meow, meow, meow meow.

Meow, meow meow meow. Meow meow me-ow! Meow. Meow meow meow, me-ow. Meow meow meow meow, meow, meow, meow meow. Meow, meow meow meow. Meow meow me-ow! Meow. Meow meow meow, me-ow. Meow meow meow meow, meow, meow, meow meow.

Meow, meow meow meow. Meow meow me-ow! Meow. Meow meow meow, me-ow. Meow meow meow meow, meow, meow, meow meow. Meow, meow meow meow. Meow meow me-ow! Meow. Meow meow meow, me-ow. Meow meow meow meow, meow, meow, meow meow. Meow, meow meow meow. Meow meow me-ow! Meow. Meow meow meow, me-ow. Meow meow meow meow, meow, meow, meow meow. Meow, meow meow meow. Meow meow meow! Meow. Meow meow meow, me-ow. Meow meow meow meow, meow, meow, meow meow.

Meow, meow meow meow. Meow meow me-ow! Meow. Meow meow meow, me-ow. Meow meow meow meow, meow, meow, meow meow. Meow, meow meow meow. Meow meow me-ow! Meow. Meow meow meow, me-ow. Meow meow meow meow, meow, meow, meow meow.

Meow, meow meow meow. Meow meow me-ow! Meow. Meow meow meow, me-ow. Meow meow meow meow, meow, meow, meow meow. Meow, meow meow meow. Meow meow me-ow! Meow. Meow meow meow, me-ow. Meow meow meow meow, meow, meow, meow meow. Meow, meow meow meow. Meow meow me-ow! Meow. Meow meow meow, me-ow. Meow meow meow meow, meow, meow, meow meow. Meow, meow meow meow. Meow meow meow! Meow. Meow meow meow, me-ow. Meow meow meow meow, meow, meow, meow meow.

Meow, meow meow meow. Meow meow me-ow! Meow. Meow meow meow, me-ow. Meow meow meow meow, meow, meow, meow meow. Meow, meow meow meow. Meow meow me-ow! Meow. Meow meow meow, me-ow. Meow meow meow meow, meow, meow, meow meow.

Meow, meow meow meow. Meow meow me-ow! Meow. Meow meow meow, me-ow.

Meow meow meow meow, meow, meow, meow meow.
Meow, meow meow meow. Meow meow me-ow! Meow.
Meow meow meow, me-ow. Meow meow meow meow,
meow, meow, meow meow. Meow, meow meow meow.
Meow meow me-ow! Meow. Meow meow meow, me-ow.
Meow meow meow meow, meow, meow, meow meow.
Meow, meow meow meow. Meow meow meow! Meow.
Meow

meow meow, me-ow. Meow meow meow meow, meow,
meow, meow meow.

Meow, meow meow meow. Meow meow me-ow!
Meow. Meow meow meow, me-ow. Meow meow meow
meow, meow, meow, meow meow. Meow, meow meow
meow. Meow meow me-ow! Meow. Meow meow meow,
me-ow. Meow meow meow meow, meow, meow, meow
meow.

Meow, meow meow meow. Meow meow me-ow!
Meow. Meow meow meow, me-ow. Meow meow meow
meow, meow, meow, meow meow. Meow, meow meow
meow.

Meow meow me-ow! Meow. Meow meow meow, meow.
Meow meow meow meow, meow, meow, meow meow.
Meow, meow meow meow. Meow meow meow! Meow.
Meow meow meow, me-ow. Meow meow meow meow,
meow, meow, meow meow. Meow, meow meow meow.

Meow meow meow! Meow. Meow meow meow, me-ow.
Meow meow meow meow, meow, meow, meow meow.

Meow, meow meow meow. Meow meow me-ow!
Meow. Meow meow meow, me-ow. Meow meow meow
meow, meow, meow, meow meow. Meow, meow meow
meow. Meow meow me-ow! Meow. Meow meow meow,
me-ow. Meow meow meow meow, meow, meow, meow
meow.

Meow, meow meow meow. Meow meow me-ow!
Meow. Meow meow meow, me-ow. Meow meow meow
meow, meow, meow, meow meow. Meow, meow meow
meow. Meow meow me-ow! Meow. Meow meow meow,
me-ow. Meow meow meow meow, meow, meow, meow
meow. Meow, meow meow meow. Meow meow me-ow!
Meow. Meow meow meow, me-ow. Meow meow meow
meow, meow, meow, meow meow. Meow, meow meow
meow. Meow meow meow! Meow. Meow meow meow,
me-ow. Meow meow meow meow, meow, meow, meow
meow.

Meow, meow meow meow. Meow meow me-ow!
Meow. Meow meow meow, me-ow. Meow meow meow
meow, meow, meow, meow meow. Meow, meow meow
meow. Meow meow me-ow! Meow. Meow meow meow,
me-ow. Meow meow meow meow, meow, meow, meow
meow.

Meow, meow meow meow. Meow meow me-ow!
Meow. Meow meow meow, me-ow. Meow meow meow
meow, meow, meow, meow meow. Meow, meow meow
meow. Meow meow me-ow! Meow. Meow meow meow,
me-ow. Meow meow meow meow, meow, meow, meow
meow. Meow, meow meow meow. Meow meow me-ow!
Meow.

Meow meow meow, me-ow. Meow meow meow meow,
meow, meow, meow meow. Meow, meow meow meow.
Meow meow meow! Meow. Meow meow meow, me-ow.
Meow meow meow meow, meow, meow, meow meow.

Meow, meow meow meow. Meow meow me-ow!
Meow. Meow meow meow, me-ow. Meow meow meow
meow, meow, meow, meow meow. Meow, meow meow
meow. Meow meow me-ow! Meow. Meow meow meow,
me-ow. Meow meow meow meow, meow, meow, meow
meow.

Meow, meow meow meow. Meow meow me-ow!
Meow. Meow meow meow, me-ow. Meow meow meow
meow, meow, meow, meow meow. Meow, meow meow
meow. Meow meow me-ow! Meow. Meow meow meow,
me-ow. Meow meow meow meow, meow, meow, meow
meow. Meow, meow meow meow. Meow meow me-ow!
Meow. Meow meow meow, me-ow. Meow meow meow
meow, meow, meow, meow meow.

Meow, meow meow meow. Meow meow meow! Meow.
Meow meow meow, me-ow. Meow meow meow meow,
meow, meow, meow meow.

Meow, meow meow meow. Meow meow me-ow!
Meow. Meow meow meow, me-ow. Meow meow meow
meow, meow, meow, meow meow. Meow, meow meow
meow. Meow meow me-ow! Meow. Meow meow meow,
me-ow. Meow meow meow meow, meow, meow, meow
meow.

Meow, meow meow meow. Meow meow me-ow!
Meow. Meow meow meow, me-ow. Meow meow meow
meow, meow, meow, meow meow. Meow, meow meow
meow. Meow meow me-ow! Meow.

Meow meow meow, me-ow. Meow meow meow meow,
meow, meow, meow meow. Meow, meow meow meow.
Meow meow me-ow! Meow. Meow meow meow, me-ow.
Meow meow meow meow, meow, meow, meow meow.
Meow, meow meow meow. Meow meow meow! Meow.
Meow meow meow, me-ow. Meow meow meow meow,
meow, meow, meow meow.

Meow, meow meow meow. Meow meow me-ow!
Meow. Meow meow meow, me-ow. Meow meow meow
meow, meow, meow, meow meow. Meow, meow meow
meow. Meow meow me-ow! Meow. Meow meow meow,

me-ow. Meow meow meow meow, meow, meow, meow meow.

Meow, meow meow meow. Meow meow me-ow! Meow. Meow meow meow, me-ow. Meow meow meow meow, meow, meow, meow meow. Meow, meow meow meow. Meow meow me-ow! Meow. Meow meow meow, me-ow. Meow meow meow meow, meow, meow, meow meow. Meow, meow meow meow. Meow meow me-ow! Meow. Meow meow meow, me-ow. Meow meow meow meow, meow, meow, meow meow. Meow, meow meow meow. Meow meow meow! Meow. Meow meow meow, me-ow. Meow meow meow meow, meow, meow, meow meow.

Meow, meow meow meow. Meow meow me-ow! Meow. Meow meow meow, me-ow. Meow meow meow meow, meow, meow, meow meow. Meow, meow meow meow. Meow meow me-ow! Meow. Meow meow meow, me-ow. Meow meow meow meow, meow, meow, meow meow.

Meow, meow meow meow. Meow meow me-ow! Meow. Meow meow meow, me-ow. Meow meow meow meow, meow, meow, meow meow. Meow, meow meow meow. Meow meow me-ow! Meow. Meow meow meow, me-ow. Meow meow meow meow, meow, meow, meow meow. Meow, meow meow meow. Meow meow me-ow!

Meow. Meow meow meow, me-ow. Meow meow meow meow, meow, meow, meow meow. Meow, meow meow meow. Meow meow meow! Meow. Meow meow meow, me-ow. Meow meow meow meow, meow, meow, meow meow.

Meow, meow meow meow. Meow meow me-ow! Meow. Meow meow meow, me-ow.

Meow meow meow meow, meow, meow, meow meow. Meow, meow meow meow. Meow meow me-ow! Meow. Meow meow meow, me-ow. Meow meow meow meow, meow, meow, meow meow.

Meow, meow meow meow. Meow meow me-ow! Meow. Meow meow meow, me-ow. Meow meow meow meow, meow, meow, meow meow. Meow, meow meow meow. Meow meow me-ow! Meow. Meow meow meow, me-ow. Meow meow meow meow, meow, meow, meow meow. Meow, meow meow meow. Meow meow me-ow! Meow. Meow meow meow, me-ow. Meow meow meow meow, meow, meow, meow meow. Meow, meow meow meow. Meow meow meow! Meow. Meow meow meow, me-ow. Meow meow meow meow, meow, meow, meow meow.

Meow, meow meow meow. Meow meow me-ow! Meow. Meow meow meow, me-ow. Meow meow meow

meow, meow, meow, meow meow. Meow, meow meow meow.

Meow meow me-ow! Meow. Meow meow meow, meow. Meow meow meow meow, meow, meow, meow meow.

Meow, meow meow meow. Meow meow me-ow! Meow. Meow meow meow, me-ow. Meow meow meow meow, meow, meow, meow meow. Meow, meow meow meow. Meow meow me-ow! Meow. Meow meow meow, me-ow. Meow meow meow meow, meow, meow, meow meow. Meow, meow meow meow. Meow meow me-ow! Meow. Meow meow meow, me-ow. Meow meow meow meow, meow, meow, meow meow. Meow, meow meow meow. Meow meow meow! Meow. Meow meow meow, me-ow. Meow meow meow meow, meow, meow, meow meow.

Meow, meow meow meow. Meow meow me-ow! Meow. Meow meow meow, me-ow. Meow meow meow meow, meow, meow, meow meow. Meow, meow meow meow. Meow meow me-ow! Meow.

Meow meow meow, me-ow. Meow meow meow meow, meow, meow, meow meow.

Meow, meow meow meow. Meow meow me-ow! Meow. Meow meow meow, me-ow. Meow meow meow meow, meow, meow, meow meow. Meow, meow meow

meow. Meow meow me-ow! Meow. Meow meow meow, me-ow. Meow meow meow meow, meow, meow, meow meow. Meow, meow meow meow. Meow meow me-ow! Meow. Meow meow meow, me-ow. Meow meow meow meow, meow, meow, meow meow. Meow, meow meow meow. Meow meow meow! Meow. Meow meow meow, me-ow. Meow meow meow meow, meow, meow, meow meow.

Meow, meow meow meow. Meow meow me-ow! Meow. Meow meow meow, me-ow. Meow meow meow meow, meow, meow, meow meow. Meow, meow meow meow. Meow meow me-ow! Meow. Meow meow meow, me-ow. Meow meow meow meow, meow, meow, meow meow.

Meow, meow meow meow. Meow meow me-ow! Meow. Meow meow meow, me-ow. Meow meow meow meow, meow, meow, meow meow. Meow, meow meow meow. Meow meow me-ow! Meow. Meow meow meow, me-ow. Meow meow meow meow, meow, meow, meow meow. Meow, meow meow meow. Meow meow me-ow! Meow. Meow meow meow, me-ow. Meow meow meow meow, meow, meow, meow meow. Meow, meow meow meow. Meow meow meow! Meow. Meow meow meow, me-ow. Meow meow meow meow, meow, meow, meow meow.

Meow, meow meow meow. Meow meow me-ow!
Meow. Meow meow meow, me-ow. Meow meow meow
meow, meow, meow, meow meow. Meow, meow meow
meow. Meow meow me-ow! Meow. Meow meow meow,
me-ow. Meow meow meow meow, meow, meow, meow
meow.

Meow, meow meow meow. Meow meow me-ow!
Meow. Meow meow meow, me-ow.

Meow meow meow meow, meow, meow, meow meow.
Meow, meow meow meow. Meow meow me-ow! Meow.
Meow meow meow, me-ow. Meow meow meow meow,
meow, meow, meow meow. Meow, meow meow meow.
Meow meow me-ow! Meow. Meow meow meow, me-ow.
Meow meow meow meow, meow, meow, meow meow.
Meow, meow meow meow. Meow meow meow! Meow.
Meow meow meow, me-ow. Meow meow meow meow,
meow, meow, meow meow.

Meow, meow meow meow. Meow meow me-ow!
Meow. Meow meow meow, me-ow. Meow meow meow
meow, meow, meow, meow meow. Meow, meow meow
meow. Meow meow me-ow! Meow. Meow meow meow,
me-ow. Meow meow meow meow, meow, meow, meow
meow.

Meow, meow meow meow. Meow meow me-ow!
Meow. Meow meow meow, me-ow. Meow meow meow

meow, meow, meow, meow meow. Meow, meow meow meow.

Meow meow me-ow! Meow. Meow meow meow, meow. Meow meow meow meow, meow, meow, meow meow. Meow, meow meow meow. Meow meow meow! Meow. Meow meow meow, me-ow. Meow meow meow meow, meow, meow, meow meow. Meow, meow meow meow. Meow meow meow! Meow. Meow meow meow, me-ow. Meow meow meow meow, meow, meow, meow meow.

Meow, meow meow meow. Meow meow me-ow! Meow. Meow meow meow, me-ow. Meow meow meow meow, meow, meow, meow meow. Meow, meow meow meow. Meow meow me-ow! Meow. Meow meow meow, me-ow. Meow meow meow meow, meow, meow, meow meow.

Meow, meow meow meow. Meow meow me-ow! Meow. Meow meow meow, me-ow. Meow meow meow meow, meow, meow, meow meow. Meow, meow meow meow. Meow meow me-ow! Meow. Meow meow meow, me-ow. Meow meow meow meow, meow, meow, meow meow. Meow, meow meow meow. Meow meow me-ow! Meow. Meow meow meow, me-ow. Meow meow meow meow, meow, meow, meow meow. Meow, meow meow meow. Meow meow meow! Meow. Meow meow meow,

me-ow. Meow meow meow meow, meow, meow, meow meow.

Meow, meow meow meow. Meow meow me-ow! Meow. Meow meow meow, me-ow. Meow meow meow meow, meow, meow, meow meow. Meow, meow meow meow. Meow meow me-ow! Meow. Meow meow meow, me-ow. Meow meow meow meow, meow, meow, meow meow.

Meow, meow meow meow. Meow meow me-ow! Meow. Meow meow meow, me-ow. Meow meow meow meow, meow, meow, meow meow. Meow, meow meow meow. Meow meow me-ow! Meow. Meow meow meow, me-ow. Meow meow meow meow, meow, meow, meow meow. Meow, meow meow meow. Meow meow me-ow! Meow.

Meow meow meow, me-ow. Meow meow meow meow, meow, meow, meow meow. Meow, meow meow meow. Meow meow meow! Meow. Meow meow meow, me-ow. Meow meow meow meow, meow, meow, meow meow.

Meow, meow meow meow. Meow meow me-ow! Meow. Meow meow meow, me-ow. Meow meow meow meow, meow, meow, meow meow. Meow, meow meow meow. Meow meow me-ow! Meow. Meow meow meow, me-ow. Meow meow meow meow, meow, meow, meow meow.

Meow, meow meow meow. Meow meow me-ow!
Meow. Meow meow meow, me-ow. Meow meow meow
meow, meow, meow, meow meow. Meow, meow meow
meow. Meow meow me-ow! Meow. Meow meow meow,
me-ow. Meow meow meow meow, meow, meow, meow
meow. Meow, meow meow meow. Meow meow me-ow!
Meow. Meow meow meow, me-ow. Meow meow meow
meow, meow, meow, meow meow.

Meow, meow meow meow. Meow meow meow! Meow.
Meow meow meow, me-ow. Meow meow meow meow,
meow, meow, meow meow.

Meow, meow meow meow. Meow meow me-ow!
Meow. Meow meow meow, me-ow. Meow meow meow
meow, meow, meow, meow meow. Meow, meow meow
meow. Meow meow me-ow! Meow. Meow meow meow,
me-ow. Meow meow meow meow, meow, meow, meow
meow.

Meow, meow meow meow. Meow meow me-ow!
Meow. Meow meow meow, me-ow. Meow meow meow
meow, meow, meow, meow meow. Meow, meow meow
meow. Meow meow me-ow! Meow. Meow meow meow,
me-ow. Meow meow meow meow, meow, meow, meow
meow. Meow, meow meow meow. Meow meow me-ow!
Meow. Meow meow meow, me-ow. Meow meow meow
meow, meow, meow, meow meow. Meow, meow meow

meow. Meow meow meow! Meow. Meow meow meow, me-ow. Meow meow meow meow, meow, meow, meow meow.

Meow, meow meow meow. Meow meow me-ow! Meow. Meow meow meow, me-ow. Meow meow meow meow, meow, meow, meow meow. Meow, meow meow meow. Meow meow me-ow! Meow. Meow meow meow, me-ow. Meow meow meow meow, meow, meow, meow meow.

Meow, meow meow meow. Meow meow me-ow! Meow. Meow meow meow, me-ow. Meow meow meow meow, meow, meow, meow meow. Meow, meow meow meow. Meow meow me-ow! Meow. Meow meow meow, me-ow. Meow meow meow meow, meow, meow, meow meow. Meow, meow meow meow. Meow meow me-ow! Meow. Meow meow meow, me-ow. Meow meow meow meow, meow, meow, meow meow. Meow, meow meow meow. Meow meow meow! Meow. Meow meow meow, me-ow. Meow meow meow meow, meow, meow, meow meow.

Meow, meow meow meow. Meow meow me-ow! Meow. Meow meow meow, me-ow. Meow meow meow meow, meow, meow, meow meow. Meow, meow meow meow. Meow meow me-ow! Meow. Meow meow meow,

me-ow. Meow meow meow meow, meow, meow, meow meow.

Meow, meow meow meow. Meow meow me-ow! Meow. Meow meow meow, me-ow. Meow meow meow meow, meow, meow, meow meow. Meow, meow meow meow. Meow meow me-ow! Meow.

Meow meow meow, me-ow. Meow meow meow meow, meow, meow, meow meow. Meow, meow meow meow. Meow meow me-ow! Meow. Meow meow meow, me-ow. Meow meow meow meow, meow, meow, meow meow. Meow, meow meow meow. Meow meow meow! Meow. Meow meow meow, me-ow. Meow meow meow meow, meow, meow, meow meow.

Meow, meow meow meow. Meow meow me-ow! Meow. Meow meow meow, me-ow.

Meow meow meow meow, meow, meow, meow meow. Meow, meow meow meow. Meow meow me-ow! Meow. Meow meow meow, me-ow. Meow meow meow meow, meow, meow, meow meow.

Meow, meow meow meow. Meow meow me-ow! Meow. Meow meow meow, me-ow. Meow meow meow meow, meow, meow, meow meow. Meow, meow meow meow. Meow meow me-ow! Meow. Meow meow meow, me-ow. Meow meow meow meow, meow, meow, meow

meow. Meow, meow meow meow. Meow meow me-ow! Meow. Meow meow meow, me-ow. Meow meow meow meow, meow, meow, meow meow. Meow, meow meow meow. Meow meow meow! Meow. Meow meow meow, me-ow. Meow meow meow meow, meow, meow, meow meow.

Meow, meow meow meow. Meow meow me-ow! Meow. Meow meow meow, me-ow. Meow meow meow meow, meow, meow, meow meow. Meow, meow meow meow.

Meow meow me-ow! Meow. Meow meow meow, meow. Meow meow meow meow, meow, meow, meow meow.

Meow, meow meow meow. Meow meow me-ow! Meow. Meow meow meow, me-ow. Meow meow meow meow, meow, meow, meow meow. Meow, meow meow meow. Meow meow me-ow! Meow. Meow meow meow, me-ow. Meow meow meow meow, meow, meow, meow meow. Meow, meow meow meow. Meow meow me-ow! Meow. Meow meow meow, me-ow. Meow meow meow meow, meow, meow, meow meow. Meow, meow meow meow. Meow meow meow! Meow. Meow meow meow, me-ow. Meow meow meow meow, meow, meow, meow meow.

Meow, meow meow meow. Meow meow me-ow! Meow. Meow meow meow, me-ow. Meow meow meow

meow, meow, meow, meow meow. Meow, meow meow
meow. Meow meow me-ow! Meow. Meow meow meow,
me-ow. Meow meow meow meow, meow, meow, meow
meow.

Meow, meow meow meow. Meow meow me-ow!
Meow. Meow meow meow, me-ow. Meow meow meow
meow, meow, meow, meow meow. Meow, meow meow
meow. Meow meow me-ow! Meow. Meow meow meow,
me-ow. Meow meow meow meow, meow, meow, meow
meow. Meow, meow meow meow. Meow meow me-ow!
Meow. Meow meow meow, me-ow. Meow meow meow
meow, meow, meow, meow meow. Meow, meow meow
meow. Meow meow meow! Meow. Meow meow meow,
me-ow. Meow meow meow meow, meow, meow, meow
meow.

Meow, meow meow meow. Meow meow me-ow!
Meow. Meow meow meow, me-ow. Meow meow meow
meow, meow, meow, meow meow. Meow, meow meow
meow. Meow meow me-ow! Meow. Meow meow meow,
me-ow. Meow meow meow meow, meow, meow, meow
meow.

Meow, meow meow meow. Meow meow me-ow!
Meow. Meow meow meow, me-ow. Meow meow meow
meow, meow, meow, meow meow. Meow, meow meow
meow. Meow meow me-ow! Meow. Meow meow meow,

me-ow. Meow meow meow meow, meow, meow, meow meow. Meow, meow meow meow. Meow meow me-ow! Meow. Meow meow meow, me-ow. Meow meow meow meow, meow, meow, meow meow. Meow, meow meow meow. Meow meow meow! Meow. Meow meow meow, me-ow. Meow meow meow meow, meow, meow, meow meow.

Meow, meow meow meow. Meow meow me-ow! Meow. Meow meow meow, me-ow. Meow meow meow meow, meow, meow, meow meow. Meow, meow meow meow. Meow meow me-ow! Meow. Meow meow meow, me-ow. Meow meow meow meow, meow, meow, meow meow.

Meow, meow meow meow. Meow meow me-ow! Meow. Meow meow meow, me-ow.

Meow meow meow meow, meow, meow, meow meow. Meow, meow meow meow. Meow meow me-ow! Meow. Meow meow meow, me-ow. Meow meow meow meow, meow, meow, meow meow. Meow, meow meow meow. Meow meow me-ow! Meow. Meow meow meow, me-ow. Meow meow meow meow, meow, meow, meow meow. Meow, meow meow meow. Meow meow meow! Meow. Meow meow meow, me-ow. Meow meow meow meow, meow, meow, meow meow.

Meow, meow meow meow. Meow meow me-ow!
Meow. Meow meow meow, me-ow. Meow meow meow
meow, meow, meow, meow meow. Meow, meow meow
meow. Meow meow me-ow! Meow. Meow meow meow,
me-ow. Meow meow meow meow, meow, meow, meow
meow.

Meow, meow meow meow. Meow meow me-ow!
Meow. Meow meow meow, me-ow. Meow meow meow
meow, meow, meow, meow meow. Meow, meow meow
meow.

Meow meow me-ow! Meow. Meow meow meow, meow.
Meow meow meow meow, meow, meow, meow meow.
Meow, meow meow meow. Meow meow meow! Meow.
Meow meow meow, me-ow. Meow meow meow meow,
meow, meow, meow meow. Meow, meow meow meow.
Meow meow meow! Meow. Meow meow meow, me-ow.
Meow meow meow meow, meow, meow, meow meow.

Meow, meow meow meow. Meow meow me-ow!
Meow. Meow meow meow, me-ow. Meow meow meow
meow, meow, meow, meow meow. Meow, meow meow
meow. Meow meow me-ow! Meow. Meow meow meow,
me-ow. Meow meow meow meow, meow, meow, meow
meow.

Meow, meow meow meow. Meow meow me-ow!
Meow. Meow meow meow, me-ow. Meow meow meow

meow, meow, meow, meow meow. Meow, meow meow
meow. Meow meow me-ow! Meow. Meow meow meow,
me-ow. Meow meow meow meow, meow, meow, meow
meow. Meow, meow meow meow. Meow meow me-ow!
Meow. Meow meow meow, me-ow. Meow meow meow
meow, meow, meow, meow meow. Meow, meow meow
meow. Meow meow meow! Meow. Meow meow meow,
me-ow. Meow meow meow meow, meow, meow, meow
meow.

Meow, meow meow meow. Meow meow me-ow!
Meow. Meow meow meow, me-ow. Meow meow meow
meow, meow, meow, meow meow. Meow, meow meow
meow. Meow meow me-ow! Meow.

Meow meow meow, me-ow. Meow meow meow meow,
meow, meow, meow meow.

Meow, meow meow meow. Meow meow me-ow!
Meow. Meow meow meow, me-ow. Meow meow meow
meow, meow, meow, meow meow. Meow, meow meow
meow. Meow meow me-ow! Meow. Meow meow meow,
me-ow. Meow meow meow meow, meow, meow, meow
meow. Meow, meow meow meow. Meow meow me-ow!
Meow.

Meow meow meow, me-ow. Meow meow meow meow,
meow, meow, meow meow. Meow, meow meow meow.

Meow meow meow! Meow. Meow meow meow, me-ow.
Meow meow meow meow, meow, meow, meow meow.

Meow, meow meow meow. Meow meow me-ow!
Meow. Meow meow meow, me-ow. Meow meow meow
meow, meow, meow, meow meow. Meow, meow meow
meow. Meow meow me-ow! Meow. Meow meow meow,
me-ow. Meow meow meow meow, meow, meow, meow
meow.

Meow, meow meow meow. Meow meow me-ow!
Meow. Meow meow meow, me-ow. Meow meow meow
meow, meow, meow, meow meow. Meow, meow meow
meow. Meow meow me-ow! Meow. Meow meow meow,
me-ow. Meow meow meow meow, meow, meow, meow
meow. Meow, meow meow meow. Meow meow me-ow!
Meow. Meow meow meow, me-ow. Meow meow meow
meow, meow, meow, meow meow.

Meow, meow meow meow. Meow meow meow! Meow.
Meow meow meow, me-ow. Meow meow meow meow,
meow, meow, meow meow.

Meow, meow meow meow. Meow meow me-ow!
Meow. Meow meow meow, me-ow. Meow meow meow
meow, meow, meow, meow meow. Meow, meow meow
meow. Meow meow me-ow! Meow. Meow meow meow,
me-ow. Meow meow meow meow, meow, meow, meow
meow.

Meow, meow meow meow. Meow meow me-ow!
Meow. Meow meow meow, me-ow. Meow meow meow
meow, meow, meow, meow meow. Meow, meow meow
meow. Meow meow me-ow! Meow. Meow meow meow,
me-ow. Meow meow meow meow, meow, meow, meow
meow. Meow, meow meow meow. Meow meow me-ow!
Meow. Meow meow meow, me-ow. Meow meow meow
meow, meow, meow, meow meow. Meow, meow meow
meow. Meow meow meow! Meow. Meow meow meow,
me-ow. Meow meow meow meow, meow, meow, meow
meow.

Meow, meow meow meow. Meow meow me-ow!
Meow. Meow meow meow, me-ow. Meow meow meow
meow, meow, meow, meow meow. Meow, meow meow
meow. Meow meow me-ow! Meow.

Meow meow meow, me-ow. Meow meow meow meow,
meow, meow, meow meow.

Meow, meow meow meow. Meow meow me-ow!
Meow. Meow meow meow, me-ow. Meow meow meow
meow, meow, meow, meow meow. Meow, meow meow
meow. Meow meow me-ow! Meow. Meow meow meow,
me-ow. Meow meow meow meow, meow, meow, meow
meow. Meow, meow meow meow. Meow meow me-ow!
Meow. Meow meow meow, me-ow. Meow meow meow
meow, meow, meow, meow meow. Meow, meow meow

meow. Meow meow meow! Meow. Meow meow meow, me-ow. Meow meow meow meow, meow, meow, meow meow.

Meow, meow meow meow. Meow meow me-ow! Meow. Meow meow meow, me-ow. Meow meow meow meow, meow, meow, meow meow. Meow, meow meow meow. Meow meow me-ow! Meow. Meow meow meow, me-ow. Meow meow meow meow, meow, meow, meow meow.

Meow, meow meow meow. Meow meow me-ow! Meow. Meow meow meow, me-ow. Meow meow meow meow, meow, meow, meow meow. Meow, meow meow meow. Meow meow me-ow! Meow. Meow meow meow, me-ow. Meow meow meow meow, meow, meow, meow meow. Meow, meow meow meow. Meow meow me-ow! Meow. Meow meow meow, me-ow. Meow meow meow meow, meow, meow, meow meow. Meow, meow meow meow. Meow meow meow! Meow. Meow meow meow, me-ow. Meow meow meow meow, meow, meow, meow meow.

Meow, meow meow meow. Meow meow me-ow! Meow. Meow meow meow, me-ow.

Meow meow meow meow, meow, meow, meow meow. Meow, meow meow meow. Meow meow me-ow! Meow.

Meow meow meow, me-ow. Meow meow meow meow, meow, meow, meow meow.

Meow, meow meow meow. Meow meow me-ow! Meow. Meow meow meow, me-ow. Meow meow meow meow, meow, meow, meow meow. Meow, meow meow meow. Meow meow me-ow! Meow. Meow meow meow, me-ow. Meow meow meow meow, meow, meow, meow meow. Meow, meow meow meow. Meow meow me-ow! Meow. Meow meow meow, me-ow. Meow meow meow meow, meow, meow, meow meow. Meow, meow meow meow. Meow meow meow! Meow. Meow meow meow, me-ow. Meow meow meow meow, meow, meow, meow meow.

Meow, meow meow meow. Meow meow me-ow! Meow. Meow meow meow, me-ow. Meow meow meow meow, meow, meow, meow meow. Meow, meow meow meow.

Meow meow me-ow! Meow. Meow meow meow, meow. Meow meow meow meow, meow, meow, meow meow.

Meow, meow meow meow. Meow meow me-ow! Meow. Meow meow meow, me-ow. Meow meow meow meow, meow, meow, meow meow. Meow, meow meow meow. Meow meow me-ow! Meow. Meow meow meow, me-ow. Meow meow meow meow, meow, meow, meow meow. Meow, meow meow meow. Meow meow me-ow!

Meow. Meow meow meow, me-ow. Meow meow meow meow, meow, meow, meow meow. Meow, meow meow meow. Meow meow meow! Meow. Meow meow meow, me-ow. Meow meow meow meow, meow, meow, meow meow.

Meow, meow meow meow. Meow meow me-ow! Meow. Meow meow meow, me-ow. Meow meow meow meow, meow, meow, meow meow. Meow, meow meow meow. Meow meow me-ow! Meow. Meow meow meow, me-ow. Meow meow meow meow, meow, meow, meow meow.

Meow, meow meow meow. Meow meow me-ow! Meow. Meow meow meow, me-ow. Meow meow meow meow, meow, meow, meow meow. Meow, meow meow meow. Meow meow me-ow! Meow. Meow meow meow, me-ow. Meow meow meow meow, meow, meow, meow meow. Meow, meow meow meow. Meow meow me-ow! Meow. Meow meow meow, me-ow. Meow meow meow meow, meow, meow, meow meow. Meow, meow meow meow. Meow meow meow! Meow. Meow meow meow, me ow. Meow meow meow meow, meow, meow, meow meow.

Meow, meow meow meow. Meow meow me-ow! Meow. Meow meow meow, me-ow. Meow meow meow meow, meow, meow, meow meow. Meow, meow meow

meow. Meow meow me-ow! Meow. Meow meow meow, me-ow. Meow meow meow meow, meow, meow, meow meow.

Meow, meow meow meow. Meow meow me-ow! Meow. Meow meow meow, me-ow. Meow meow meow meow, meow, meow, meow meow. Meow, meow meow meow. Meow meow me-ow! Meow. Meow meow meow, me-ow. Meow meow meow meow, meow, meow, meow meow. Meow, meow meow meow. Meow meow me-ow! Meow. Meow meow meow, me-ow. Meow meow meow meow, meow, meow, meow meow. Meow, meow meow meow. Meow meow meow! Meow. Meow meow meow, me-ow. Meow meow meow meow, meow, meow, meow meow.

Meow, meow meow meow. Meow meow me-ow! Meow. Meow meow meow, me-ow. Meow meow meow meow, meow, meow, meow meow. Meow, meow meow meow. Meow meow me-ow! Meow. Meow meow meow, me-ow. Meow meow meow meow, meow, meow, meow meow.

Meow, meow meow meow. Meow meow me-ow! Meow. Meow meow meow, me-ow.

Meow meow meow meow, meow, meow, meow meow. Meow, meow meow meow. Meow meow me-ow! Meow. Meow meow meow, me-ow. Meow meow meow meow,

meow, meow, meow meow. Meow, meow meow meow. Meow meow me-ow! Meow. Meow meow meow, me-ow. Meow meow meow meow, meow, meow, meow meow. Meow, meow meow meow. Meow meow meow! Meow. Meow meow meow, me-ow. Meow meow meow meow, meow, meow, meow meow.

Meow, meow meow meow. Meow meow me-ow! Meow. Meow meow meow, me-ow. Meow meow meow meow, meow, meow, meow meow. Meow, meow meow meow. Meow meow me-ow! Meow. Meow meow meow, me-ow. Meow meow meow meow, meow, meow, meow meow.

Meow, meow meow meow. Meow meow me-ow! Meow. Meow meow meow, me-ow. Meow meow meow meow, meow, meow, meow meow. Meow, meow meow meow.

Meow meow me-ow! Meow. Meow meow meow, meow. Meow meow meow meow, meow, meow, meow meow. Meow, meow meow meow. Meow meow meow! Meow. Meow meow meow, me-ow. Meow meow meow meow, meow, meow, meow meow. Meow, meow meow meow. Meow meow meow! Meow.

Meow meow meow, me-ow. Meow meow meow meow, meow, meow, meow meow.

Meow, meow meow meow. Meow meow me-ow!
Meow. Meow meow meow, me-ow. Meow meow meow
meow, meow, meow, meow meow. Meow, meow meow
meow. Meow meow me-ow! Meow. Meow meow meow,
me-ow. Meow meow meow meow, meow, meow, meow
meow.

Meow, meow meow meow. Meow meow me-ow!
Meow. Meow meow meow, me-ow. Meow meow meow
meow, meow, meow, meow meow. Meow, meow meow
meow. Meow meow me-ow! Meow. Meow meow meow,
me-ow. Meow meow meow meow, meow, meow, meow
meow. Meow, meow meow meow. Meow meow me-ow!
Meow. Meow meow meow, me-ow. Meow meow meow
meow, meow, meow, meow meow. Meow, meow meow
meow. Meow meow meow! Meow. Meow meow meow,
me-ow. Meow meow meow meow, meow, meow, meow
meow.

Meow, meow meow meow. Meow meow me-ow!
Meow. Meow meow meow, me-ow. Meow meow meow
meow, meow, meow, meow meow. Meow, meow meow
meow. Meow meow me-ow! Meow. Meow meow meow,
me-ow. Meow meow meow meow, meow, meow, meow
meow.

Meow, meow meow meow. Meow meow me-ow!

Meow. Meow meow meow, me-ow. Meow meow meow meow, meow, meow, meow meow. Meow, meow meow meow. Meow meow me-ow! Meow. Meow meow meow, me-ow. Meow meow meow meow, meow, meow, meow meow. Meow, meow meow meow. Meow meow me-ow! Meow.

Meow meow meow, me-ow. Meow meow meow meow, meow, meow, meow meow. Meow, meow meow meow. Meow meow meow! Meow. Meow meow meow, me-ow. Meow meow meow meow, meow, meow, meow meow.

Meow, meow meow meow. Meow meow me-ow! Meow. Meow meow meow, me-ow. Meow meow meow meow, meow, meow, meow meow. Meow, meow meow meow. Meow meow me-ow! Meow. Meow meow meow, me-ow. Meow meow meow meow, meow, meow, meow meow.

Meow, meow meow meow. Meow meow me-ow! Meow. Meow meow meow, me-ow. Meow meow meow meow, meow, meow, meow meow. Meow, meow meow meow. Meow meow me-ow! Meow. Meow meow meow, me-ow. Meow meow meow meow, meow, meow, meow meow. Meow, meow meow meow. Meow meow me-ow! Meow. Meow meow meow, me-ow. Meow meow meow meow, meow, meow, meow meow.

Meow, meow meow meow. Meow meow meow! Meow. Meow meow meow, me-ow. Meow meow meow meow, meow, meow, meow meow.

Meow, meow meow meow. Meow meow me-ow! Meow. Meow meow meow, me-ow. Meow meow meow meow, meow, meow, meow meow. Meow, meow meow meow. Meow meow me-ow! Meow. Meow meow meow, me-ow. Meow meow meow meow, meow, meow, meow meow.

Meow, meow meow meow. Meow meow me-ow! Meow. Meow meow meow, me-ow. Meow meow meow meow, meow, meow, meow meow. Meow, meow meow meow. Meow meow me-ow! Meow. Meow meow meow, me-ow. Meow meow meow meow, meow, meow, meow meow. Meow, meow meow meow. Meow meow me-ow! Meow. Meow meow meow, me-ow. Meow meow meow meow, meow, meow, meow meow. Meow, meow meow meow. Meow meow meow! Meow. Meow meow meow, me-ow. Meow meow meow meow, meow, meow, meow meow.

Meow, meow meow meow. Meow meow me-ow! Meow. Meow meow meow, me-ow. Meow meow meow meow, meow, meow, meow meow. Meow, meow meow meow. Meow meow me-ow! Meow. Meow meow meow,

me-ow. Meow meow meow meow, meow, meow, meow meow.

Meow, meow meow meow. Meow meow me-ow! Meow. Meow meow meow, me-ow. Meow meow meow meow, meow, meow, meow meow. Meow, meow meow meow. Meow meow me-ow! Meow. Meow meow meow, me-ow. Meow meow meow

meow meow. Meow meow me-ow! Meow. Meow
meow meow, me-ow. Meow meow meow meow,
meow, meow, meow meow. Meow, meow meow
meow. Meow meow meow! Meow. Meow meow
meow, me-ow. Meow meow meow meow, meow,
meow, meow meow.

Meow, meow meow meow. Meow meow me-ow!
Meow. Meow meow meow, me-ow. Meow meow
meow meow, meow, meow, meow meow. Meow,
meow meow meow. Meow meow me-ow! Meow.
Meow meow meow, me-ow. Meow meow meow
meow, meow, meow, meow meow.

Meow, meow meow meow. Meow meow me-ow!
Meow. Meow meow meow, me-ow. Meow meow
meow meow, meow, meow, meow meow. Meow,
meow meow meow. Meow meow me-ow! Meow.
Meow meow meow, me-ow. Meow meow meow
meow, meow, meow, meow meow. Meow, meow
meow meow. Meow meow me-ow! Meow. Meow
meow meow, me-ow. Meow meow meow meow,
meow, meow, meow meow. Meow, meow meow
meow. Meow meow meow! Meow. Meow meow
meow, me-ow. Meow meow meow meow, meow,
meow, meow meow.

Meow, meow meow meow. Meow meow me-ow!
Meow. Meow meow meow, me-ow.

Meow meow meow meow, meow, meow, meow meow.
Meow, meow meow meow. Meow meow me-ow!
Meow. Meow meow meow, me-ow. Meow meow
meow meow, meow, meow, meow meow.

Meow, meow meow meow. Meow meow me-ow!
Meow. Meow meow meow, me-ow. Meow meow
meow meow, meow, meow, meow meow. Meow,
meow meow meow. Meow meow me-ow! Meow.
Meow meow meow, me-ow. Meow meow meow
meow, meow, meow, meow meow. Meow, meow
meow meow. Meow meow me-ow! Meow. Meow
meow meow, me-ow. Meow meow meow meow,
meow, meow, meow meow. Meow, meow meow
meow. Meow meow meow! Meow. Meow meow
meow, me-ow. Meow meow meow meow, meow,
meow, meow meow.

Meow, meow meow meow. Meow meow me-ow!
Meow. Meow meow meow, me-ow. Meow meow
meow meow, meow, meow, meow meow. Meow,
meow meow meow.

Meow meow me-ow! Meow. Meow meow meow,
meow. Meow meow meow meow, meow, meow, meow
meow.

Meow, meow meow meow. Meow meow me-ow!
Meow. Meow meow meow, me-ow. Meow meow
meow meow, meow, meow, meow meow. Meow,
meow meow meow. Meow meow me-ow! Meow.

Meow meow meow, me-ow. Meow meow meow meow meow. Meow meow me-ow! Meow. Meow meow meow, me-ow. Meow meow meow meow, meow, meow, meow meow. Meow, meow meow meow. Meow meow meow! Meow. Meow meow meow, me-ow. Meow meow meow meow, meow, meow, meow meow.

Meow, meow meow meow. Meow meow me-ow! Meow. Meow meow meow, me-ow. Meow meow meow meow, meow, meow, meow meow. Meow, meow meow meow. Meow meow me-ow! Meow. Meow meow meow, me-ow. Meow meow meow meow, meow, meow, meow meow.

Meow, meow meow meow. Meow meow me-ow! Meow. Meow meow meow, me-ow. Meow meow meow meow, meow, meow, meow meow. Meow, meow meow meow. Meow meow me-ow! Meow. Meow meow meow, me-ow. Meow meow meow meow, meow, meow, meow meow. Meow, meow meow meow. Meow meow me-ow! Meow. Meow meow meow, me-ow. Meow meow meow meow, meow, meow, meow meow. Meow, meow meow meow. Meow meow meow! Meow. Meow meow meow, me-ow. Meow meow meow meow, meow, meow, meow meow.

Meow, meow meow meow. Meow meow me-ow! Meow. Meow meow meow, me-ow. Meow meow

meow meow, meow, meow, meow meow. Meow,
meow meow meow. Meow meow me-ow! Meow.

Meow meow meow, me-ow. Meow meow meow
meow, meow, meow, meow meow.

Meow, meow meow meow. Meow meow me-ow!
Meow. Meow meow meow, me-ow. Meow meow
meow meow, meow, meow, meow meow. Meow,
meow meow meow. Meow meow me-ow! Meow.
Meow meow meow, me-ow. Meow meow meow
meow, meow, meow, meow meow. Meow, meow
meow meow. Meow meow me-ow! Meow. Meow
meow meow, me-ow. Meow meow meow meow,
meow, meow, meow meow. Meow, meow meow
meow. Meow meow meow! Meow. Meow meow
meow, me-ow. Meow meow meow meow, meow,
meow, meow meow.

Meow, meow meow meow. Meow meow me-ow!
Meow. Meow meow meow, me-ow. Meow meow
meow meow, meow, meow, meow meow. Meow,
meow meow meow. Meow meow me-ow! Meow.
Meow meow meow, me-ow. Meow meow meow
meow, meow, meow, meow meow.

Meow, meow meow meow. Meow meow me-ow!
Meow. Meow meow meow, me-ow.

Meow meow meow meow, meow, meow, meow meow.
Meow, meow meow meow. Meow meow me-ow!

Meow. Meow meow meow, me-ow. Meow meow meow meow, meow, meow, meow meow. Meow, meow meow meow. Meow meow me-ow! Meow. Meow meow meow, me-ow. Meow meow meow

meow meow. Meow meow meow! Meow. Meow meow meow, me-ow. Meow meow meow meow, meow, meow, meow meow.

Meow, meow meow meow. Meow meow me-ow! Meow. Meow meow meow, me-ow. Meow meow meow meow, meow, meow, meow meow. Meow, meow meow meow. Meow meow me-ow! Meow. Meow meow meow, me-ow. Meow meow meow meow, meow, meow, meow meow.

Meow, meow meow meow. Meow meow me-ow! Meow. Meow meow meow, me-ow. Meow meow meow meow, meow, meow, meow meow. Meow, meow meow meow.

Meow meow me-ow! Meow. Meow meow meow, meow. Meow meow meow meow, meow, meow, meow meow. Meow, meow meow meow. Meow meow meow! Meow. Meow meow meow, me-ow. Meow meow meow meow, meow, meow, meow meow. Meow, meow meow meow. Meow meow meow! Meow. Meow meow meow, me-ow. Meow meow meow meow, meow, meow, meow meow.

Meow, meow meow meow. Meow meow me-ow!
Meow. Meow meow meow, me-ow. Meow meow
meow meow, meow, meow, meow meow. Meow,
meow meow meow. Meow meow me-ow! Meow.
Meow meow meow, me-ow. Meow meow meow
meow, meow, meow, meow meow.

Meow, meow meow meow. Meow meow me-ow!
Meow. Meow meow meow, me-ow. Meow meow
meow meow, meow, meow, meow meow. Meow,
meow meow meow. Meow meow me-ow! Meow.
Meow meow meow, me-ow. Meow meow meow
meow, meow, meow, meow meow. Meow, meow
meow meow. Meow meow me-ow! Meow. Meow
meow meow, me-ow. Meow meow meow meow,
meow, meow, meow meow. Meow, meow meow
meow. Meow meow meow! Meow. Meow meow
meow, me-ow. Meow meow meow meow, meow,
meow, meow meow.

Meow, meow meow meow. Meow meow me-ow!
Meow. Meow meow meow, me-ow. Meow meow
meow meow, meow, meow, meow meow. Meow,
meow meow meow. Meow meow me-ow! Meow.
Meow meow meow, me-ow. Meow meow meow
meow, meow, meow, meow meow.

Meow, meow meow meow. Meow meow me-ow!
Meow. Meow meow meow, me-ow. Meow meow
meow meow, meow, meow, meow meow. Meow,

meow meow meow. Meow meow me-ow! Meow.
Meow meow meow, me-ow. Meow meow meow
meow, meow, meow, meow meow. Meow, meow
meow meow. Meow meow me-ow! Meow.

Meow meow meow, me-ow. Meow meow meow
meow, meow, meow, meow meow. Meow, meow
meow meow. Meow meow meow! Meow. Meow

meow meow, me-ow. Meow meow meow meow,
meow, meow, meow meow.

Meow, meow meow meow. Meow meow me-ow!
Meow. Meow meow meow, me-ow. Meow meow
meow meow, meow, meow, meow meow. Meow,
meow meow meow. Meow meow me-ow! Meow.
Meow meow meow, me-ow. Meow meow meow
meow, meow, meow, meow meow.

Meow, meow meow meow. Meow meow me-ow!
Meow. Meow meow meow, me-ow. Meow meow
meow meow, meow, meow, meow meow. Meow,
meow meow meow. Meow meow me-ow! Meow.
Meow meow meow, me-ow. Meow meow meow
meow, meow, meow, meow meow. Meow, meow
meow meow. Meow meow me-ow! Meow. Meow
meow meow, me-ow. Meow meow meow meow,
meow, meow, meow meow.

Meow, meow meow meow. Meow meow meow!
Meow. Meow meow meow, me-ow. Meow meow
meow meow, meow, meow, meow meow.

Meow, meow meow meow. Meow meow me-ow!
Meow. Meow meow meow, me-ow. Meow meow
meow meow, meow, meow, meow meow. Meow,
meow meow meow. Meow meow me-ow! Meow.
Meow meow meow, me-ow. Meow meow meow
meow, meow, meow, meow meow.

Meow, meow meow meow. Meow meow me-ow!

Meow. Meow meow meow, me-ow. Meow meow meow meow, meow, meow, meow meow. Meow, meow meow meow. Meow meow me-ow! Meow. Meow meow meow, me-ow. Meow meow meow meow, meow, meow, meow meow. Meow, meow meow meow. Meow meow me-ow! Meow. Meow meow meow, me-ow. Meow meow meow meow, meow, meow, meow meow. Meow, meow meow meow. Meow meow meow! Meow. Meow meow meow, me-ow. Meow meow meow meow, meow, meow, meow meow.

Meow, meow meow meow. Meow meow me-ow! Meow. Meow meow meow, me-ow. Meow meow meow meow, meow, meow, meow meow. Meow, meow meow meow. Meow meow me-ow! Meow. Meow meow meow, me-ow. Meow meow meow meow, meow, meow, meow meow.

Meow, meow meow meow. Meow meow me-ow! Meow. Meow meow meow, me-ow. Meow meow meow meow, meow, meow, meow meow. Meow, meow meow meow. Meow meow me-ow! Meow. Meow meow meow, me-ow. Meow meow meow meow, meow, meow, meow meow. Meow, meow meow meow. Meow meow me-ow! Meow. Meow meow meow, me-ow. Meow meow meow meow, meow, meow, meow meow. Meow, meow meow meow. Meow meow meow! Meow. Meow meow

meow, me-ow. Meow meow meow meow, meow, meow, meow meow.

Meow, meow meow meow. Meow meow me-ow! Meow. Meow meow meow, me-ow. Meow meow meow meow, meow, meow, meow meow. Meow, meow meow meow. Meow meow me-ow! Meow. Meow meow meow, me-ow. Meow meow meow meow, meow, meow, meow meow.

Meow, meow meow meow. Meow meow me-ow! Meow. Meow meow meow, me-ow. Meow meow meow meow, meow, meow, meow meow. Meow, meow meow meow. Meow meow me-ow! Meow. Meow meow meow, me-ow. Meow meow meow meow, meow, meow, meow meow. Meow, meow meow meow. Meow meow me-ow! Meow. Meow meow meow, me-ow. Meow meow meow meow, meow, meow, meow meow. Meow, meow meow meow. Meow meow meow! Meow. Meow meow meow, me-ow. Meow meow meow meow, meow, meow, meow meow.

Meow, meow meow meow. Meow meow me-ow! Meow. Meow meow meow, me-ow.

Meow meow meow meow, meow, meow, meow meow. Meow, meow meow meow. Meow meow me-ow! Meow. Meow meow meow, me-ow. Meow meow meow meow, meow, meow, meow meow.

Meow, meow meow meow. Meow meow me-ow!
Meow. Meow meow meow, me-ow. Meow meow
meow meow, meow, meow, meow meow. Meow,
meow meow meow. Meow meow me-ow! Meow.

Meow meow meow, me-ow. Meow meow meow
meow, meow, meow, meow meow. Meow, meow
meow meow. Meow meow me-ow! Meow. Meow
meow meow, me-ow. Meow meow meow meow,
meow, meow, meow meow. Meow, meow meow
meow. Meow meow meow! Meow. Meow meow
meow, me-ow. Meow meow meow meow, meow,
meow, meow meow.

Meow, meow meow meow. Meow meow me-ow!
Meow. Meow meow meow, me-ow. Meow meow
meow meow, meow, meow, meow meow. Meow,
meow meow meow.

Meow meow me-ow! Meow. Meow meow meow,
meow. Meow meow meow meow, meow, meow, meow
meow.

Meow, meow meow meow. Meow meow me-ow!
Meow. Meow meow meow, me-ow. Meow meow
meow meow, meow, meow, meow meow. Meow,
meow meow meow. Meow meow me-ow! Meow.
Meow meow meow, me-ow. Meow meow meow
meow, meow, meow, meow meow. Meow, meow
meow meow. Meow meow me-ow! Meow. Meow
meow meow, me-ow. Meow meow meow meow,

meow, meow, meow meow. Meow, meow meow
meow. Meow meow meow! Meow. Meow meow
meow, me-ow. Meow meow meow meow, meow,
meow, meow meow.

Meow, meow meow meow. Meow meow me-ow!
Meow. Meow meow meow, me-ow. Meow meow
meow meow, meow, meow, meow meow. Meow,
meow meow meow. Meow meow me-ow! Meow.
Meow meow meow, me-ow. Meow meow meow
meow, meow, meow, meow meow.

Meow, meow meow meow. Meow meow me-ow!
Meow. Meow meow meow, me-ow. Meow meow
meow meow, meow, meow, meow meow. Meow,
meow meow meow. Meow meow me-ow! Meow.
Meow meow meow, me-ow. Meow meow meow
meow, meow, meow, meow meow. Meow, meow
meow meow. Meow meow me-ow! Meow. Meow
meow meow, me-ow. Meow meow meow meow,
meow, meow, meow meow. Meow, meow meow
meow. Meow meow meow! Meow. Meow meow
meow, me-ow. Meow meow meow meow, meow,
meow, meow meow.

Meow, meow meow meow. Meow meow me-ow!
Meow. Meow meow meow, me-ow. Meow meow
meow meow, meow, meow, meow meow. Meow,
meow meow meow. Meow meow me-ow! Meow.
Meow meow meow, me-ow. Meow meow meow
meow, meow, meow, meow meow.

Meow, meow meow meow. Meow meow me-ow!
Meow. Meow meow meow, me-ow. Meow meow
meow meow, meow, meow, meow meow. Meow,
meow meow meow. Meow meow me-ow! Meow.
Meow meow meow, me-ow. Meow meow meow
meow, meow, meow, meow meow. Meow, meow
meow meow. Meow meow me-ow! Meow. Meow
meow meow, me-ow. Meow meow meow meow,
meow, meow, meow meow. Meow, meow meow
meow. Meow meow meow! Meow. Meow meow
meow, me-ow. Meow meow meow meow, meow,
meow, meow meow.

Meow, meow meow meow. Meow meow me-ow!
Meow. Meow meow meow, me-ow. Meow meow
meow meow, meow, meow, meow meow. Meow,
meow meow meow. Meow meow me-ow! Meow.
Meow meow meow, me-ow. Meow meow meow
meow, meow, meow, meow meow.

Meow, meow meow meow. Meow meow me-ow!
Meow. Meow meow meow, me-ow.

Meow meow meow meow, meow, meow, meow meow.
Meow, meow meow meow. Meow meow me-ow!
Meow. Meow meow meow, me-ow. Meow meow
meow meow, meow, meow, meow meow. Meow,
meow meow meow. Meow meow me-ow! Meow.
Meow meow meow, me-ow. Meow meow meow
meow, meow, meow, meow meow. Meow, meow

meow meow. Meow meow meow! Meow. Meow
meow meow, me-ow. Meow meow meow meow,
meow, meow, meow meow.

Meow, meow meow meow. Meow meow me-ow!
Meow. Meow meow meow, me-ow. Meow meow
meow meow, meow, meow, meow meow. Meow,
meow meow meow. Meow meow me-ow! Meow.
Meow meow meow, me-ow. Meow meow meow
meow, meow, meow, meow meow.

Meow, meow meow meow. Meow meow me-ow!
Meow. Meow meow meow, me-ow. Meow meow
meow meow, meow, meow, meow meow. Meow,
meow meow meow.

Meow meow me-ow! Meow. Meow meow meow,
meow. Meow meow meow meow, meow, meow, meow
meow. Meow, meow meow meow. Meow meow
meow! Meow. Meow meow meow, me-ow. Meow
meow meow meow, meow, meow, meow meow.
Meow, meow meow meow. Meow meow meow!
Meow. Meow meow meow, me-ow. Meow meow
meow meow, meow, meow, meow meow.

Meow, meow meow meow. Meow meow me-ow!
Meow. Meow meow meow, me-ow. Meow meow
meow meow, meow, meow, meow meow. Meow,
meow meow meow. Meow meow me-ow! Meow.
Meow meow meow, me-ow. Meow meow meow
meow, meow, meow, meow meow.

Meow, meow meow meow. Meow meow me-ow!
Meow. Meow meow meow, me-ow. Meow meow
meow meow, meow, meow, meow meow. Meow,
meow meow meow. Meow meow me-ow! Meow.
Meow meow meow, me-ow. Meow meow meow
meow, meow, meow, meow meow. Meow, meow
meow meow. Meow meow me-ow! Meow. Meow
meow meow, me-ow. Meow meow meow meow,
meow, meow, meow meow. Meow, meow meow
meow. Meow meow meow! Meow. Meow meow
meow, me-ow. Meow meow meow meow, meow,
meow, meow meow.

Meow, meow meow meow. Meow meow me-ow!
Meow. Meow meow meow, me-ow. Meow meow
meow meow, meow, meow, meow meow. Meow,
meow meow meow. Meow meow me-ow! Meow.
Meow meow meow, me-ow. Meow meow meow
meow, meow, meow, meow meow.

Meow, meow meow meow. Meow meow me-ow!
Meow. Meow meow meow, me-ow. Meow meow
meow meow, meow, meow, meow meow. Meow,
meow meow meow. Meow meow me-ow! Meow.
Meow meow meow, me-ow. Meow meow meow
meow, meow, meow, meow meow. Meow, meow
meow meow. Meow meow me-ow! Meow.

Meow meow meow, me-ow. Meow meow meow
meow, meow, meow, meow meow. Meow, meow

meow meow. Meow meow meow! Meow. Meow meow meow, me-ow. Meow meow meow meow, meow, meow, meow meow.

Meow, meow meow meow. Meow meow me-ow! Meow. Meow meow meow, me-ow. Meow meow meow meow, meow, meow, meow meow. Meow, meow meow meow. Meow meow me-ow! Meow.

Meow meow meow, me-ow. Meow meow meow meow, meow, meow, meow meow.

Meow, meow meow meow. Meow meow me-ow! Meow. Meow meow meow, me-ow. Meow meow meow meow, meow, meow, meow meow. Meow, meow meow meow. Meow meow me-ow! Meow. Meow meow meow, me-ow. Meow meow meow meow, meow, meow, meow meow. Meow, meow meow meow. Meow meow me-ow! Meow. Meow meow meow, me-ow. Meow meow meow meow, meow, meow, meow meow.

Meow, meow meow meow. Meow meow meow! Meow. Meow meow meow, me-ow. Meow meow meow meow, meow, meow, meow meow.

Meow, meow meow meow. Meow meow me-ow! Meow. Meow meow meow, me-ow. Meow meow meow meow, meow, meow, meow meow. Meow, meow meow meow. Meow meow me-ow! Meow. Meow meow meow, me-ow. Meow meow meow meow, meow, meow, meow meow.

Meow, meow meow meow. Meow meow me-ow!
Meow. Meow meow meow, me-ow. Meow meow
meow meow, meow, meow, meow meow. Meow,
meow meow meow. Meow meow me-ow! Meow.
Meow meow meow, me-ow. Meow meow meow
meow, meow, meow, meow meow. Meow, meow
meow meow. Meow meow me-ow! Meow. Meow
meow meow, me-ow. Meow meow meow meow,
meow, meow, meow meow. Meow, meow meow
meow. Meow meow meow! Meow. Meow meow
meow, me-ow. Meow meow meow meow, meow,
meow, meow meow.

Meow, meow meow meow. Meow meow me-ow!
Meow. Meow meow meow, me-ow. Meow meow
meow meow, meow, meow, meow meow. Meow,
meow meow meow. Meow meow me-ow! Meow.
Meow meow meow, me-ow. Meow meow meow
meow, meow, meow, meow meow.

Meow, meow meow meow. Meow meow me-ow!
Meow. Meow meow meow, me-ow. Meow meow
meow meow, meow, meow, meow meow. Meow,
meow meow meow. Meow meow me-ow! Meow.
Meow meow meow, me-ow. Meow meow meow
meow, meow, meow, meow meow. Meow, meow
meow meow. Meow meow me-ow! Meow. Meow
meow meow, me-ow. Meow meow meow meow,
meow, meow, meow meow. Meow, meow meow
meow. Meow meow meow! Meow. Meow meow

meow, me-ow. Meow meow meow meow, meow, meow, meow meow.

Meow, meow meow meow. Meow meow me-ow! Meow. Meow meow meow, me-ow. Meow meow meow meow, meow, meow, meow meow. Meow, meow meow meow. Meow meow me-ow! Meow. Meow meow meow, me-ow. Meow meow meow meow, meow, meow, meow meow.

Meow, meow meow meow. Meow meow me-ow! Meow. Meow meow meow, me-ow. Meow meow meow meow, meow, meow, meow meow. Meow, meow meow meow. Meow meow me-ow! Meow. Meow meow meow, me-ow. Meow meow meow meow, meow, meow, meow meow. Meow, meow meow meow. Meow meow me-ow! Meow. Meow meow meow, me-ow. Meow meow meow meow, meow, meow, meow meow. Meow, meow meow meow. Meow meow meow! Meow. Meow meow meow, me-ow. Meow meow meow meow, meow, meow, meow meow.

Meow, meow meow meow. Meow meow me-ow! Meow. Meow meow meow, me-ow.

Meow meow meow meow, meow, meow, meow meow. Meow, meow meow meow. Meow meow me-ow! Meow. Meow meow meow, me-ow. Meow meow meow meow, meow, meow, meow meow.

Meow, meow meow meow. Meow meow me-ow! Meow. Meow meow meow, me-ow. Meow meow meow meow, meow, meow, meow meow. Meow, meow meow meow. Meow meow me-ow! Meow. Meow meow meow, me-ow. Meow meow meow meow, meow, meow, meow meow. Meow, meow meow meow. Meow meow me-ow! Meow. Meow meow meow, me-ow. Meow meow meow meow, meow, meow, meow meow. Meow, meow meow meow. Meow meow meow! Meow. Meow meow meow, me-ow. Meow meow meow meow, meow, meow, meow meow.

Meow, meow meow meow. Meow meow me-ow! Meow. Meow meow meow, me-ow. Meow meow meow meow, meow, meow, meow meow. Meow, meow meow meow.

Meow meow me-ow! Meow. Meow meow meow, meow. Meow meow meow meow, meow, meow, meow meow.

Meow, meow meow meow. Meow meow me-ow! Meow. Meow meow meow, me-ow. Meow meow meow meow, meow, meow, meow meow. Meow, meow meow meow. Meow meow me-ow! Meow. Meow meow meow, me-ow. Meow meow meow meow, meow, meow, meow meow. Meow, meow meow meow. Meow meow me-ow! Meow. Meow meow meow, me-ow. Meow meow meow meow, meow, meow, meow meow. Meow, meow meow

meow. Meow meow meow! Meow. Meow meow
meow, me-ow. Meow meow meow meow, meow,
meow, meow meow.

Meow, meow meow meow. Meow meow me-ow!
Meow. Meow meow meow, me-ow. Meow meow
meow meow, meow, meow, meow meow. Meow,
meow meow meow. Meow meow me-ow! Meow.
Meow meow meow, me-ow. Meow meow meow
meow, meow, meow, meow meow.

Meow, meow meow meow. Meow meow me-ow!
Meow. Meow meow meow, me-ow. Meow meow
meow meow, meow, meow, meow meow. Meow,
meow meow meow. Meow meow me-ow! Meow.
Meow meow meow, me-ow. Meow meow meow
meow, meow, meow, meow meow. Meow, meow
meow meow. Meow meow me-ow! Meow. Meow
meow meow, me-ow. Meow meow meow meow,
meow, meow, meow meow. Meow, meow meow
meow. Meow meow meow! Meow. Meow meow
meow, me-ow. Meow meow meow meow, meow,
meow, meow meow.

Meow, meow meow meow. Meow meow me-ow!
Meow. Meow meow meow, me-ow. Meow meow
meow meow, meow, meow, meow meow. Meow,
meow meow meow. Meow meow me-ow! Meow.
Meow meow meow, me-ow. Meow meow meow
meow, meow, meow, meow meow.

Meow, meow meow meow. Meow meow me-ow!
Meow. Meow meow meow, me-ow. Meow meow
meow meow, meow, meow, meow meow. Meow,
meow meow meow. Meow meow me-ow! Meow.
Meow meow meow, me-ow. Meow meow meow
meow, meow, meow, meow meow. Meow, meow
meow meow. Meow meow me-ow! Meow. Meow
meow meow, me-ow. Meow meow meow meow,
meow, meow, meow meow. Meow, meow meow
meow. Meow meow meow! Meow. Meow meow
meow, me-ow. Meow meow meow meow, meow,
meow, meow meow.

Meow, meow meow meow. Meow meow me-ow!
Meow. Meow meow meow, me-ow. Meow meow
meow meow, meow, meow, meow meow. Meow,
meow meow meow. Meow meow me-ow! Meow.
Meow meow meow, me-ow. Meow meow meow
meow, meow, meow, meow meow.

Meow, meow meow meow. Meow meow me-ow!
Meow. Meow meow meow, me-ow.

Meow meow meow meow, meow, meow, meow meow.
Meow, meow meow meow. Meow meow me-ow!
Meow. Meow meow meow, me-ow. Meow meow
meow meow, meow, meow, meow meow. Meow,
meow meow meow. Meow meow me-ow! Meow.
Meow meow meow, me-ow. Meow meow meow
meow, meow, meow, meow meow. Meow, meow
meow meow. Meow meow meow! Meow. Meow

meow meow, me-ow. Meow meow meow meow, meow, meow, meow meow.

Meow, meow meow meow. Meow meow me-ow! Meow. Meow meow meow, me-ow. Meow meow meow meow, meow, meow, meow meow. Meow, meow meow meow. Meow meow me-ow! Meow. Meow meow meow, me-ow. Meow meow meow meow, meow, meow, meow meow.

Meow, meow meow meow. Meow meow me-ow! Meow. Meow meow meow, me-ow. Meow meow meow meow, meow, meow, meow meow. Meow, meow meow meow.

Meow meow me-ow! Meow. Meow meow meow, meow. Meow meow meow meow, meow, meow, meow meow. Meow, meow meow meow. Meow meow meow! Meow. Meow meow meow, me-ow. Meow meow meow meow, meow, meow, meow meow. Meow, meow meow meow. Meow meow meow! Meow. Meow meow meow, me-ow. Meow meow meow meow, meow, meow, meow meow.

Meow, meow meow meow. Meow meow me-ow! Meow. Meow meow meow, me-ow. Meow meow meow meow, meow, meow, meow meow. Meow, meow meow meow. Meow meow me-ow! Meow. Meow meow meow, me-ow. Meow meow meow meow, meow, meow, meow meow.

Meow, meow meow meow. Meow meow me-ow!
Meow. Meow meow meow, me-ow. Meow meow
meow meow, meow, meow, meow meow. Meow,
meow meow meow. Meow meow me-ow! Meow.
Meow meow meow, me-ow. Meow meow meow
meow, meow, meow, meow meow. Meow, meow
meow meow. Meow meow me-ow! Meow. Meow
meow meow, me-ow. Meow meow meow meow,
meow, meow, meow meow. Meow, meow meow
meow. Meow meow meow! Meow. Meow meow
meow, me-ow. Meow meow meow meow, meow,
meow, meow meow.

Meow, meow meow meow. Meow meow me-ow!
Meow. Meow meow meow, me-ow. Meow meow
meow meow, meow, meow, meow meow. Meow,
meow meow meow. Meow meow me-ow! Meow.
Meow meow meow, me-ow. Meow meow meow
meow, meow, meow, meow meow.

Meow, meow meow meow. Meow meow me-ow!
Meow. Meow meow meow, me-ow. Meow meow
meow meow, meow, meow, meow meow. Meow,
meow meow meow. Meow meow me-ow! Meow.
Meow meow meow, me-ow. Meow meow meow
meow, meow, meow, meow meow. Meow, meow
meow meow. Meow meow me-ow! Meow.

Meow meow meow, me-ow. Meow meow meow
meow, meow, meow, meow meow. Meow, meow

meow meow. Meow meow meow! Meow. Meow
meow meow, me-ow. Meow meow meow meow,
meow, meow, meow meow.

Meow, meow meow meow. Meow meow me-ow!
Meow. Meow meow meow, me-ow. Meow meow
meow meow, meow, meow, meow meow. Meow,
meow meow meow. Meow meow me-ow! Meow.
Meow meow meow, me-ow. Meow meow meow
meow, meow, meow, meow meow.

Meow, meow meow meow. Meow meow me-ow!
Meow. Meow meow meow, me-ow. Meow meow
meow meow, meow, meow, meow meow. Meow,
meow meow meow. Meow meow me-ow! Meow.

Meow meow meow, me-ow. Meow meow meow
meow, meow, meow, meow meow. Meow, meow
meow meow. Meow meow me-ow! Meow. Meow
meow meow, me-ow. Meow meow meow meow,
meow, meow, meow meow.

Meow, meow meow meow. Meow meow meow!
Meow. Meow meow meow, me-ow. Meow meow
meow meow, meow, meow, meow meow.

Meow, meow meow meow. Meow meow me-ow!
Meow. Meow meow meow, me-ow. Meow meow
meow meow, meow, meow, meow meow. Meow,
meow meow meow. Meow meow me-ow! Meow.
Meow meow meow, me-ow. Meow meow meow
meow, meow, meow, meow meow.

Meow, meow meow meow. Meow meow me-ow! Meow. Meow meow meow, me-ow. Meow meow meow meow, meow, meow, meow meow. Meow, meow meow meow. Meow meow me-ow! Meow. Meow meow meow, me-ow. Meow meow meow meow, meow, meow, meow meow. Meow, meow meow meow. Meow meow me-ow! Meow. Meow meow meow, me-ow. Meow meow meow meow, meow, meow, meow meow. Meow, meow meow meow. Meow meow meow! Meow. Meow meow meow, me-ow. Meow meow meow meow, meow, meow, meow meow.

Meow, meow meow meow. Meow meow me-ow! Meow. Meow meow meow, me-ow. Meow meow meow meow, meow, meow, meow meow. Meow, meow meow meow. Meow meow me-ow! Meow. Meow meow meow, me-ow. Meow meow meow meow, meow, meow, meow meow.

Meow, meow meow meow. Meow meow me-ow! Meow. Meow meow meow, me-ow. Meow meow meow meow, meow, meow, meow meow. Meow, meow meow meow. Meow meow me-ow! Meow. Meow meow meow, me-ow. Meow meow meow meow, meow, meow, meow meow. Meow, meow meow meow. Meow meow me-ow! Meow. Meow meow meow, me-ow. Meow meow meow meow, meow, meow, meow meow. Meow, meow meow meow. Meow meow meow! Meow. Meow meow

meow, me-ow. Meow meow meow meow, meow, meow, meow meow.

Meow, meow meow meow. Meow meow me-ow! Meow. Meow meow meow, me-ow. Meow meow meow meow, meow, meow, meow meow. Meow, meow meow meow. Meow meow me-ow! Meow. Meow meow meow, me-ow. Meow meow meow meow, meow, meow, meow meow.

Meow, meow meow meow. Meow meow me-ow! Meow. Meow meow meow, me-ow. Meow meow meow meow, meow, meow, meow meow. Meow, meow meow meow. Meow meow me-ow! Meow. Meow meow meow, me-ow. Meow meow meow meow, meow, meow, meow meow. Meow, meow meow meow. Meow meow me-ow! Meow. Meow meow meow, me-ow. Meow meow meow meow, meow, meow, meow meow. Meow, meow meow meow. Meow meow meow! Meow. Meow meow meow, me-ow. Meow meow meow meow, meow, meow, meow meow.

Meow, meow meow meow. Meow meow me-ow! Meow. Meow meow meow, me-ow.

Meow meow meow meow, meow, meow, meow meow. Meow, meow meow meow. Meow meow me-ow! Meow. Meow meow meow, me-ow. Meow meow meow meow, meow, meow, meow meow.

Meow, meow meow meow. Meow meow me-ow!
Meow. Meow meow meow, me-ow. Meow meow
meow meow, meow, meow, meow meow. Meow,
meow meow meow. Meow meow me-ow! Meow.
Meow meow meow, me-ow. Meow meow meow
meow, meow, meow, meow meow. Meow, meow
meow meow. Meow meow me-ow! Meow. Meow
meow meow, me-ow. Meow meow meow meow,
meow, meow, meow meow. Meow, meow meow
meow. Meow meow meow! Meow. Meow meow
meow, me-ow. Meow meow meow meow, meow,
meow, meow meow.

Meow, meow meow meow. Meow meow me-ow!
Meow. Meow meow meow, me-ow. Meow meow
meow meow, meow, meow, meow meow. Meow,
meow meow meow.

Meow meow me-ow! Meow. Meow meow meow,
meow. Meow meow meow meow, meow, meow, meow
meow.

Meow, meow meow meow. Meow meow me-ow!
Meow. Meow meow meow, me-ow. Meow meow
meow meow, meow, meow, meow meow. Meow,
meow meow meow. Meow meow me-ow! Meow.
Meow meow meow, me-ow. Meow meow meow
meow, meow, meow, meow meow. Meow, meow
meow meow. Meow meow me-ow! Meow. Meow
meow meow, me-ow. Meow meow meow meow,

meow, meow, meow meow. Meow, meow meow
meow. Meow meow meow! Meow. Meow meow
meow, me-ow. Meow meow meow meow, meow,
meow, meow meow.

Meow, meow meow meow. Meow meow me-ow!
Meow. Meow meow meow, me-ow. Meow meow
meow meow, meow, meow, meow meow. Meow,
meow meow meow. Meow meow me-ow! Meow.
Meow meow meow, me-ow. Meow meow meow
meow, meow, meow, meow meow.

Meow, meow meow meow. Meow meow me-ow!
Meow. Meow meow meow, me-ow. Meow meow
meow meow, meow, meow, meow meow. Meow,
meow meow meow. Meow meow me-ow! Meow.
Meow meow meow, me-ow. Meow meow meow
meow, meow, meow, meow meow. Meow, meow
meow meow. Meow meow me-ow! Meow. Meow
meow meow, me-ow. Meow meow meow meow,
meow, meow, meow meow. Meow, meow meow
meow. Meow meow meow! Meow. Meow meow
meow, me-ow. Meow meow meow meow, meow,
meow, meow meow.

Meow, meow meow meow. Meow meow me-ow!
Meow. Meow meow meow, me-ow. Meow meow
meow meow, meow, meow, meow meow. Meow,
meow meow meow. Meow meow me-ow! Meow.
Meow meow meow, me-ow. Meow meow meow
meow, meow, meow, meow meow.

Meow, meow meow meow. Meow meow me-ow!
Meow. Meow meow meow, me-ow. Meow meow
meow meow, meow, meow, meow meow. Meow,
meow meow meow. Meow meow me-ow! Meow.
Meow meow meow, me-ow. Meow meow meow
meow, meow, meow, meow meow. Meow, meow
meow meow. Meow meow me-ow! Meow. Meow
meow meow, me-ow. Meow meow meow meow,
meow, meow, meow meow. Meow, meow meow
meow. Meow meow meow! Meow. Meow meow
meow, me-ow. Meow meow meow meow, meow,
meow, meow meow.

Meow, meow meow meow. Meow meow me-ow!
Meow. Meow meow meow, me-ow. Meow meow
meow meow, meow, meow, meow meow. Meow,
meow meow meow. Meow meow me-ow! Meow.
Meow meow meow, me-ow. Meow meow meow
meow, meow, meow, meow meow.

Meow, meow meow meow. Meow meow me-ow!
Meow. Meow meow meow, me-ow.

Meow meow meow meow, meow, meow, meow meow.
Meow, meow meow meow. Meow meow me-ow!
Meow. Meow meow meow, me-ow. Meow meow
meow meow, meow, meow, meow meow. Meow,
meow meow meow. Meow meow me-ow! Meow.
Meow meow meow, me-ow. Meow meow meow
meow, meow, meow, meow meow. Meow, meow

meow meow. Meow meow meow! Meow. Meow meow meow, me-ow. Meow meow meow meow, meow, meow, meow meow.

Meow, meow meow meow. Meow meow me-ow! Meow. Meow meow meow, me-ow. Meow meow meow meow, meow, meow, meow meow. Meow, meow meow meow. Meow meow me-ow! Meow. Meow meow meow, me-ow. Meow meow meow meow, meow, meow, meow meow.

Meow, meow meow meow. Meow meow me-ow! Meow. Meow meow meow, me-ow. Meow meow meow meow, meow, meow, meow meow. Meow, meow meow meow.

Meow meow me-ow! Meow. Meow meow meow, meow. Meow meow meow meow, meow, meow, meow meow. Meow, meow meow meow. Meow meow meow! Meow. Meow meow meow, me-ow. Meow meow meow meow, meow, meow, meow meow. Meow, meow meow meow. Meow meow meow! Meow.

Meow meow meow, me-ow. Meow meow meow meow, meow, meow, meow meow.

Meow, meow meow meow. Meow meow me-ow! Meow. Meow meow meow, me-ow. Meow meow meow meow, meow, meow, meow meow. Meow, meow meow meow. Meow meow me-ow! Meow.

Meow meow meow, me-ow. Meow meow meow meow, meow, meow, meow meow.

Meow, meow meow meow. Meow meow me-ow! Meow. Meow meow meow, me-ow. Meow meow meow meow, meow, meow, meow meow. Meow, meow meow meow. Meow meow me-ow! Meow. Meow meow meow, me-ow. Meow meow meow meow, meow, meow, meow meow. Meow, meow meow meow. Meow meow me-ow! Meow. Meow meow meow, me-ow. Meow meow meow meow, meow, meow, meow meow. Meow, meow meow meow. Meow meow meow! Meow. Meow meow meow, me-ow. Meow meow meow meow, meow, meow, meow meow.

Meow, meow meow meow. Meow meow me-ow! Meow. Meow meow meow, me-ow. Meow meow meow meow, meow, meow, meow meow. Meow, meow meow meow. Meow meow me-ow! Meow. Meow meow meow, me-ow. Meow meow meow meow, meow, meow, meow meow.

Meow, meow meow meow. Meow meow me-ow! Meow. Meow meow meow, me-ow. Meow meow meow meow, meow, meow, meow meow. Meow, meow meow meow. Meow meow me-ow! Meow. Meow meow meow, me-ow. Meow meow meow meow, meow, meow, meow meow. Meow, meow meow meow. Meow meow me-ow! Meow.

Meow meow meow, me-ow. Meow meow meow meow, meow, meow, meow meow. Meow, meow meow meow. Meow meow meow! Meow. Meow meow meow, me-ow. Meow meow meow meow, meow, meow, meow meow.

Meow, meow meow meow. Meow meow me-ow! Meow. Meow meow meow, me-ow. Meow meow meow meow, meow, meow, meow meow. Meow, meow meow meow. Meow meow me-ow! Meow. Meow meow meow, me-ow. Meow meow meow meow, meow, meow, meow meow.

Meow, meow meow meow. Meow meow me-ow! Meow. Meow meow meow, me-ow. Meow meow meow meow, meow, meow, meow meow. Meow, meow meow meow. Meow meow me-ow! Meow. Meow meow meow, me-ow. Meow meow meow meow, meow, meow, meow meow. Meow, meow meow meow. Meow meow me-ow! Meow. Meow meow meow, me-ow. Meow meow meow meow, meow, meow, meow meow.

Meow, meow meow meow. Meow meow meow! Meow. Meow meow meow, me-ow. Meow meow meow meow, meow, meow, meow meow.

Meow, meow meow meow. Meow meow me-ow! Meow. Meow meow meow, me-ow. Meow meow meow meow, meow, meow, meow meow. Meow, meow meow meow. Meow meow me-ow! Meow.

Meow meow meow, me-ow. Meow meow meow meow, meow, meow, meow meow.

Meow, meow meow meow. Meow meow me-ow! Meow. Meow meow meow, me-ow. Meow meow meow meow, meow, meow, meow meow. Meow, meow meow meow. Meow meow me-ow! Meow. Meow meow meow, me-ow. Meow meow meow meow, meow, meow, meow meow. Meow, meow meow meow. Meow meow me-ow! Meow. Meow meow meow, me-ow. Meow meow meow meow, meow, meow, meow meow. Meow, meow meow meow. Meow meow meow! Meow. Meow meow meow, me-ow. Meow meow meow meow, meow, meow, meow meow.

Meow, meow meow meow. Meow meow me-ow! Meow. Meow meow meow, me-ow. Meow meow meow meow, meow, meow, meow meow. Meow, meow meow meow. Meow meow me-ow! Meow. Meow meow meow, me-ow. Meow meow meow meow, meow, meow, meow meow.

Meow, meow meow meow. Meow meow me-ow! Meow. Meow meow meow, me-ow. Meow meow meow meow, meow, meow, meow meow. Meow, meow meow meow. Meow meow me-ow! Meow. Meow meow meow, me-ow. Meow meow meow

meow, meow, meow, meow meow. Meow, meow
meow meow. Meow meow me-ow! Meow. Meow
meow meow, me-ow. Meow meow meow meow,
meow, meow, meow meow. Meow, meow meow
meow. Meow meow meow! Meow. Meow meow
meow, me-ow. Meow meow meow meow, meow,
meow, meow meow.

Meow, meow meow meow. Meow meow me-ow!
Meow. Meow meow meow, me-ow. Meow meow
meow meow, meow, meow, meow meow. Meow,
meow meow meow. Meow meow me-ow! Meow.
Meow meow meow, me-ow. Meow meow meow
meow, meow, meow, meow meow.

Meow, meow meow meow. Meow meow me-ow!
Meow. Meow meow meow, me-ow. Meow meow
meow meow, meow, meow, meow meow. Meow,
meow meow meow. Meow meow me-ow! Meow.
Meow meow meow, me-ow. Meow meow meow
meow, meow, meow, meow meow. Meow, meow
meow meow. Meow meow me-ow! Meow. Meow
meow meow, me-ow. Meow meow meow meow,
meow, meow, meow meow. Meow, meow meow
meow. Meow meow meow! Meow. Meow meow
meow, me-ow. Meow meow meow meow, meow,
meow, meow meow.

Meow, meow meow meow. Meow meow me-ow!
Meow. Meow meow meow, me-ow.

meow, meow, meow, meow meow. Meow, meow
Meow meow meow meow, meow, meow, meow meow.
Meow, meow meow meow. Meow meow me-ow!
Meow. Meow meow meow, me-ow. Meow meow
meow meow, meow, meow, meow meow.

Meow, meow meow meow. Meow meow me-ow!
Meow. Meow meow meow, me-ow. Meow meow
meow meow, meow, meow, meow meow. Meow,
meow meow meow. Meow meow me-ow! Meow.
Meow meow meow, me-ow. Meow meow meow
meow, meow, meow, meow meow. Meow, meow
meow meow. Meow meow me-ow! Meow. Meow
meow meow, me-ow. Meow meow meow meow,
meow, meow, meow meow. Meow, meow meow
meow. Meow meow meow! Meow. Meow meow
meow, me-ow. Meow meow meow meow, meow,
meow, meow meow.

Meow, meow meow meow. Meow meow me-ow!
Meow. Meow meow meow, me-ow. Meow meow
meow meow, meow, meow, meow meow. Meow,
meow meow meow.

Meow meow me-ow! Meow. Meow meow meow,
meow. Meow meow meow meow, meow, meow, meow
meow.

Meow, meow meow meow. Meow meow me-ow!
Meow. Meow meow meow, me-ow. Meow meow
meow meow, meow, meow, meow meow. Meow,
meow meow meow. Meow meow me-ow! Meow.

meow, meow, meow, meow meow. Meow, meow
Meow meow meow, me-ow. Meow meow meow
meow meow. Meow meow me-ow! Meow. Meow
meow meow, me-ow. Meow meow meow meow,
meow, meow, meow meow. Meow, meow meow
meow. Meow meow meow! Meow. Meow meow
meow, me-ow. Meow meow meow meow, meow,
meow, meow meow.

Meow, meow meow meow. Meow meow me-ow!
Meow. Meow meow meow, me-ow. Meow meow
meow meow, meow, meow, meow meow. Meow,
meow meow meow. Meow meow me-ow! Meow.
Meow meow meow, me-ow. Meow meow meow
meow, meow, meow, meow meow.

Meow, meow meow meow. Meow meow me-ow!
Meow. Meow meow meow, me-ow. Meow meow
meow meow, meow, meow, meow meow. Meow,
meow meow meow. Meow meow me-ow! Meow.
Meow meow meow, me-ow. Meow meow meow
meow, meow, meow, meow meow. Meow, meow
meow meow. Meow meow me-ow! Meow. Meow
meow meow, me-ow. Meow meow meow meow,
meow, mcow, meow meow. Meow, meow meow
meow. Meow meow meow! Meow. Meow meow
meow, me-ow. Meow meow meow meow, meow,
meow, meow meow.

Meow, meow meow meow. Meow meow me-ow!
Meow. Meow meow meow, me-ow. Meow meow

meow, meow, meow, meow meow. Meow, meow
meow meow, meow, meow, meow meow. Meow,
meow meow meow. Meow meow me-ow! Meow.

Meow meow meow, me-ow. Meow meow meow
meow, meow, meow, meow meow.

Meow, meow meow meow. Meow meow me-ow!
Meow. Meow meow meow, me-ow. Meow meow
meow meow, meow, meow, meow meow. Meow,
meow meow meow. Meow meow me-ow! Meow.
Meow meow meow, me-ow. Meow meow meow
meow, meow, meow, meow meow. Meow, meow
meow meow. Meow meow me-ow! Meow. Meow
meow meow, me-ow. Meow meow meow meow,
meow, meow, meow meow. Meow, meow meow
meow. Meow meow meow! Meow. Meow meow
meow, me-ow. Meow meow meow meow, meow,
meow, meow meow.

Meow, meow meow meow. Meow meow me-ow!
Meow. Meow meow meow, me-ow. Meow meow
meow meow, meow, meow, meow meow. Meow,
meow meow meow. Meow meow me-ow! Meow.
Meow meow meow, me-ow. Meow meow meow
meow, meow, meow, meow meow.

Meow, meow meow meow. Meow meow me-ow!
Meow. Meow meow meow, me-ow.

Meow meow meow meow, meow, meow, meow meow.
Meow, meow meow meow. Meow meow me-ow!
Meow. Meow meow meow, me-ow. Meow meow

meow, meow, meow, meow meow. Meow, meow
meow meow, meow, meow, meow meow. Meow,
meow meow meow. Meow meow me-ow! Meow.
Meow meow meow, me-ow. Meow meow meow

meow meow. Meow meow meow! Meow. Meow
meow meow, me-ow. Meow meow meow meow,
meow, meow, meow meow.

Meow, meow meow meow. Meow meow me-ow!
Meow. Meow meow meow, me-ow. Meow meow
meow meow, meow, meow, meow meow. Meow,
meow meow meow. Meow meow me-ow! Meow.
Meow meow meow, me-ow. Meow meow meow
meow, meow, meow, meow meow.

Meow, meow meow meow. Meow meow me-ow!
Meow. Meow meow meow, me-ow. Meow meow
meow meow, meow, meow, meow meow. Meow,
meow meow meow.

Meow meow me-ow! Meow. Meow meow meow,
meow. Meow meow meow meow, meow, meow, meow
meow. Meow, meow meow meow. Meow meow
meow! Meow. Meow meow meow, me-ow. Meow
meow meow meow, meow, meow, meow meow.
Meow, meow meow meow. Meow meow meow!
Meow. Meow meow meow, me-ow. Meow meow
meow meow, meow, meow, meow meow.

Meow, meow meow meow. Meow meow me-ow!
Meow. Meow meow meow, me-ow. Meow meow
meow meow, meow, meow, meow meow. Meow,

meow, meow, meow, meow meow. Meow, meow
meow meow meow. Meow meow me-ow! Meow.
Meow meow meow, me-ow. Meow meow meow
meow, meow, meow, meow meow.

Meow, meow meow meow. Meow meow me-ow!
Meow. Meow meow meow, me-ow. Meow meow
meow meow, meow, meow, meow meow. Meow,
meow meow meow. Meow meow me-ow! Meow.
Meow meow meow, me-ow. Meow meow meow
meow, meow, meow, meow meow. Meow, meow
meow meow. Meow meow me-ow! Meow. Meow
meow meow, me-ow. Meow meow meow meow,
meow, meow, meow meow. Meow, meow meow
meow. Meow meow meow! Meow. Meow meow
meow, me-ow. Meow meow meow meow, meow,
meow, meow meow.

Meow, meow meow meow. Meow meow me-ow!
Meow. Meow meow meow, me-ow. Meow meow
meow meow, meow, meow, meow meow. Meow,
meow meow meow. Meow meow me-ow! Meow.
Meow meow meow, me-ow. Meow meow meow
meow, meow, meow, meow meow.

Meow, meow meow meow. Meow meow me-ow!
Meow. Meow meow meow, me-ow. Meow meow
meow meow, meow, meow, meow meow. Meow,
meow meow meow. Meow meow me-ow! Meow.
Meow meow meow, me-ow. Meow meow meow
meow, meow, meow, meow meow. Meow, meow
meow meow. Meow meow me-ow! Meow.

meow, meow, meow, meow meow. Meow, meow
Meow meow meow, me-ow. Meow meow meow
meow, meow, meow, meow meow. Meow, meow
meow meow. Meow meow meow! Meow. Meow

meow meow, me-ow. Meow meow meow meow, meow, meow, meow meow.

Meow, meow meow meow. Meow meow me-ow! Meow. Meow meow meow, me-ow. Meow meow meow meow, meow, meow, meow meow. Meow, meow meow meow. Meow meow me-ow! Meow. Meow meow meow, me-ow. Meow meow meow meow, meow, meow, meow meow.

Meow, meow meow meow. Meow meow me-ow! Meow. Meow meow meow, me-ow. Meow meow meow meow, meow, meow, meow meow. Meow, meow meow meow. Meow meow me-ow! Meow. Meow meow meow, me-ow. Meow meow meow meow, meow, meow, meow meow. Meow, meow meow meow. Meow meow me-ow! Meow. Meow meow meow, me-ow. Meow meow meow meow, meow, meow, meow meow.

Meow, meow meow meow. Meow meow meow! Meow. Meow meow meow, me-ow. Meow meow meow meow, meow, meow, meow meow.

Meow, meow meow meow. Meow meow me-ow! Meow. Meow meow meow, me-ow. Meow meow meow meow, meow, meow, meow meow. Meow, meow meow meow. Meow meow me-ow! Meow. Meow meow meow, me-ow. Meow meow meow meow, meow, meow, meow meow.

Meow, meow meow meow. Meow meow me-ow!

Meow. Meow meow meow, me-ow. Meow meow meow meow, meow, meow, meow meow. Meow, meow meow meow. Meow meow me-ow! Meow. Meow meow meow, me-ow. Meow meow meow meow, meow, meow, meow meow. Meow, meow meow meow. Meow meow me-ow! Meow. Meow meow meow, me-ow. Meow meow meow meow, meow, meow, meow meow. Meow, meow meow meow. Meow meow meow! Meow. Meow meow meow, me-ow. Meow meow meow meow, meow, meow, meow meow.

Meow, meow meow meow. Meow meow me-ow! Meow. Meow meow meow, me-ow. Meow meow meow meow, meow, meow, meow meow. Meow, meow meow meow. Meow meow me-ow! Meow. Meow meow meow, me-ow. Meow meow meow meow, meow, meow, meow meow.

Meow, meow meow meow. Meow meow me-ow! Meow. Meow meow meow, me-ow. Meow meow meow meow, meow, meow, meow meow. Meow, meow meow meow. Meow meow me-ow! Mcow. Meow mcow meow, me-ow. Meow meow meow meow, meow, meow, meow meow. Meow, meow meow meow. Meow meow me-ow! Meow. Meow meow meow, me-ow. Meow meow meow meow, meow, meow, meow meow. Meow, meow meow meow. Meow meow meow! Meow. Meow meow

meow, me-ow. Meow meow meow meow, meow, meow, meow meow.

Meow, meow meow meow. Meow meow me-ow! Meow. Meow meow meow, me-ow. Meow meow meow meow, meow, meow, meow meow. Meow, meow meow meow. Meow meow me-ow! Meow. Meow meow meow, me-ow. Meow meow meow meow, meow, meow, meow meow.

Meow, meow meow meow. Meow meow me-ow! Meow. Meow meow meow, me-ow. Meow meow meow meow, meow, meow, meow meow. Meow, meow meow meow. Meow meow me-ow! Meow. Meow meow meow, me-ow. Meow meow meow meow, meow, meow, meow meow. Meow, meow meow meow. Meow meow me-ow! Meow. Meow meow meow, me-ow. Meow meow meow meow, meow, meow, meow meow. Meow, meow meow meow. Meow meow meow! Meow. Meow meow meow, me-ow. Meow meow meow meow, meow, meow, meow meow.

Meow, meow meow meow. Meow meow me-ow! Meow. Meow meow meow, me-ow.

Meow meow meow meow, meow, meow, meow meow. Meow, meow meow meow. Meow meow me-ow! Meow. Meow meow meow, me-ow. Meow meow meow meow, meow, meow, meow meow.

Meow, meow meow meow. Meow meow me-ow!
Meow. Meow meow meow, me-ow. Meow meow
meow meow, meow, meow, meow meow. Meow,
meow meow meow. Meow meow me-ow! Meow.

Meow meow meow, me-ow. Meow meow meow
meow, meow, meow, meow meow. Meow, meow
meow meow. Meow meow me-ow! Meow. Meow
meow meow, me-ow. Meow meow meow meow,
meow, meow, meow meow. Meow, meow meow
meow. Meow meow meow! Meow. Meow meow
meow, me-ow. Meow meow meow meow, meow,
meow, meow meow.

Meow, meow meow meow. Meow meow me-ow!
Meow. Meow meow meow, me-ow. Meow meow
meow meow, meow, meow, meow meow. Meow,
meow meow meow.

Meow meow me-ow! Meow. Meow meow meow,
meow. Meow meow meow meow, meow, meow, meow
meow.

Meow, meow meow meow. Meow meow me-ow!
Meow. Meow meow meow, me-ow. Meow meow
meow meow, meow, meow, meow meow. Meow,
meow meow meow. Meow meow me-ow! Meow.
Meow meow meow, me-ow. Meow meow meow
meow, meow, meow, meow meow. Meow, meow
meow meow. Meow meow me-ow! Meow. Meow
meow meow, me-ow. Meow meow meow meow,

meow, meow, meow meow. Meow, meow meow meow. Meow meow meow! Meow. Meow meow meow, me-ow. Meow meow meow meow, meow, meow, meow meow.

Meow, meow meow meow. Meow meow me-ow! Meow. Meow meow meow, me-ow. Meow meow meow meow, meow, meow, meow meow. Meow, meow meow meow. Meow meow me-ow! Meow. Meow meow meow, me-ow. Meow meow meow meow, meow, meow, meow meow.

Meow, meow meow meow. Meow meow me-ow! Meow. Meow meow meow, me-ow. Meow meow meow meow, meow, meow, meow meow. Meow, meow meow meow. Meow meow me-ow! Meow. Meow meow meow, me-ow. Meow meow meow meow, meow, meow, meow meow. Meow, meow meow meow. Meow meow me-ow! Meow. Meow meow meow, me-ow. Meow meow meow meow, meow, meow, meow meow. Meow, meow meow meow. Meow meow meow! Meow. Meow meow meow, me-ow. Meow meow meow meow, meow, meow, meow meow.

Meow, meow meow meow. Meow meow me-ow! Meow. Meow meow meow, me-ow. Meow meow meow meow, meow, meow, meow meow. Meow, meow meow meow. Meow meow me-ow! Meow. Meow meow meow, me-ow. Meow meow meow meow, meow, meow, meow meow.

Meow, meow meow meow. Meow meow me-ow!
Meow. Meow meow meow, me-ow. Meow meow
meow meow, meow, meow, meow meow. Meow,
meow meow meow. Meow meow me-ow! Meow.
Meow meow meow, me-ow. Meow meow meow
meow, meow, meow, meow meow. Meow, meow
meow meow. Meow meow me-ow! Meow. Meow
meow meow, me-ow. Meow meow meow meow,
meow, meow, meow meow. Meow, meow meow
meow. Meow meow meow! Meow. Meow meow
meow, me-ow. Meow meow meow meow, meow,
meow, meow meow.

Meow, meow meow meow. Meow meow me-ow!
Meow. Meow meow meow, me-ow. Meow meow
meow meow, meow, meow, meow meow. Meow,
meow meow meow. Meow meow me-ow! Meow.
Meow meow meow, me-ow. Meow meow meow
meow, meow, meow, meow meow.

Meow, meow meow meow. Meow meow me-ow!
Meow. Meow meow meow, me-ow.

Meow meow meow meow, meow, meow, meow meow.
Meow, meow meow meow. Meow meow me-ow!
Meow. Meow meow meow, me-ow. Meow meow
meow meow, meow, meow, meow meow. Meow,
meow meow meow. Meow meow me-ow! Meow.
Meow meow meow, me-ow. Meow meow meow
meow, meow, meow, meow meow. Meow, meow

meow meow. Meow meow meow! Meow. Meow
meow meow, me-ow. Meow meow meow meow,
meow, meow, meow meow.

Meow, meow meow meow. Meow meow me-ow!
Meow. Meow meow meow, me-ow. Meow meow
meow meow, meow, meow, meow meow. Meow,
meow meow meow. Meow meow me-ow! Meow.
Meow meow meow, me-ow. Meow meow meow
meow, meow, meow, meow meow.

Meow, meow meow meow. Meow meow me-ow!
Meow. Meow meow meow, me-ow. Meow meow
meow meow, meow, meow, meow meow. Meow,
meow meow meow.

Meow meow me-ow! Meow. Meow meow meow,
meow. Meow meow meow meow, meow, meow, meow
meow. Meow, meow meow meow. Meow meow
meow! Meow. Meow meow meow, me-ow. Meow
meow meow meow, meow, meow, meow meow.
Meow, meow meow meow. Meow meow meow!
Meow. Meow meow meow, me-ow. Meow meow
meow meow, meow, meow, meow meow.

Meow, meow meow meow. Meow meow me-ow!
Meow. Meow meow meow, me-ow. Meow meow
meow meow, meow, meow, meow meow. Meow,
meow meow meow. Meow meow me-ow! Meow.
Meow meow meow, me-ow. Meow meow meow
meow, meow, meow, meow meow.

Meow, meow meow meow. Meow meow me-ow!
Meow. Meow meow meow, me-ow. Meow meow
meow meow, meow, meow, meow meow. Meow,
meow meow meow. Meow meow me-ow! Meow.
Meow meow meow, me-ow. Meow meow meow
meow, meow, meow, meow meow. Meow, meow
meow meow. Meow meow me-ow! Meow. Meow
meow meow, me-ow. Meow meow meow meow,
meow, meow, meow meow. Meow, meow meow
meow. Meow meow meow! Meow. Meow meow
meow, me-ow. Meow meow meow meow, meow,
meow, meow meow.

Meow, meow meow meow. Meow meow me-ow!
Meow. Meow meow meow, me-ow. Meow meow
meow meow, meow, meow, meow meow. Meow,
meow meow meow. Meow meow me-ow! Meow.
Meow meow meow, me-ow. Meow meow meow
meow, meow, meow, meow meow.

Meow, meow meow meow. Meow meow me-ow!
Meow. Meow meow meow, me-ow. Meow meow
meow meow, meow, meow, meow mcow. Meow,
meow meow meow. Meow meow me-ow! Meow.
Meow meow meow, me-ow. Meow meow meow
meow, meow, meow, meow meow. Meow, meow
meow meow. Meow meow me-ow! Meow.

Meow meow meow, me-ow. Meow meow meow
meow, meow, meow, meow meow. Meow, meow

meow meow. Meow meow meow! Meow. Meow
meow meow, me-ow. Meow meow meow meow,
meow, meow, meow meow.

Meow, meow meow meow. Meow meow me-ow!
Meow. Meow meow meow, me-ow. Meow meow
meow meow, meow, meow, meow meow. Meow,
meow meow meow. Meow meow me-ow! Meow.

Meow meow meow, me-ow. Meow meow meow
meow, meow, meow, meow meow.

Meow, meow meow meow. Meow meow me-ow!
Meow. Meow meow meow, me-ow. Meow meow
meow meow, meow, meow, meow meow. Meow,
meow meow meow. Meow meow me-ow! Meow.
Meow meow meow, me-ow. Meow meow meow
meow, meow, meow, meow meow. Meow, meow
meow meow. Meow meow me-ow! Meow. Meow
meow meow, me-ow. Meow meow meow meow,
meow, meow, meow meow.

Meow, meow meow meow. Meow meow meow!
Meow. Meow meow meow, me-ow. Meow meow
meow meow, meow, meow, meow meow.

Meow, meow meow meow. Meow meow me-ow!
Meow. Meow meow meow, me-ow. Meow meow
meow meow, meow, meow, meow meow. Meow,
meow meow meow. Meow meow me-ow! Meow.
Meow meow meow, me-ow. Meow meow meow
meow, meow, meow, meow meow.

Meow, meow meow meow. Meow meow me-ow!
Meow. Meow meow meow, me-ow. Meow meow
meow meow, meow, meow, meow meow. Meow,
meow meow meow. Meow meow me-ow! Meow.
Meow meow meow, me-ow. Meow meow meow
meow, meow, meow, meow meow. Meow, meow
meow meow. Meow meow me-ow! Meow. Meow
meow meow, me-ow. Meow meow meow meow,
meow, meow, meow meow. Meow, meow meow
meow. Meow meow meow! Meow. Meow meow
meow, me-ow. Meow meow meow meow, meow,
meow, meow meow.

Meow, meow meow meow. Meow meow me-ow!
Meow. Meow meow meow, me-ow. Meow meow
meow meow, meow, meow, meow meow. Meow,
meow meow meow. Meow meow me-ow! Meow.
Meow meow meow, me-ow. Meow meow meow
meow, meow, meow, meow meow.

Meow, meow meow meow. Meow meow me-ow!
Meow. Meow meow meow, me-ow. Meow meow
meow meow, meow, meow, meow meow. Meow,
meow meow meow. Meow meow me-ow! Meow.
Meow meow meow, me-ow. Meow meow meow
meow, meow, meow, meow meow. Meow, meow
meow meow. Meow meow me-ow! Meow. Meow
meow meow, me-ow. Meow meow meow meow,
meow, meow, meow meow. Meow, meow meow
meow. Meow meow meow! Meow. Meow meow

meow, me-ow. Meow meow meow meow, meow, meow, meow meow.

Meow, meow meow meow. Meow meow me-ow! Meow. Meow meow meow, me-ow. Meow meow meow meow, meow, meow, meow meow. Meow, meow meow meow. Meow meow me-ow! Meow. Meow meow meow, me-ow. Meow meow meow meow, meow, meow, meow meow.

Meow, meow meow meow. Meow meow me-ow! Meow. Meow meow meow, me-ow. Meow meow meow meow, meow, meow, meow meow. Meow, meow meow meow. Meow meow me-ow! Meow. Meow meow meow, me-ow. Meow meow meow meow, meow, meow, meow meow. Meow, meow meow meow. Meow meow me-ow! Meow. Meow meow meow, me-ow. Meow meow meow meow, meow, meow, meow meow. Meow, meow meow meow. Meow meow meow! Meow. Meow meow meow, me-ow. Meow meow meow meow, meow, meow, meow meow.

Meow, meow meow meow. Meow meow me-ow! Meow. Meow meow meow, me-ow.

Meow meow meow meow, meow, meow, meow meow. Meow, meow meow meow. Meow meow me-ow! Meow. Meow meow meow, me-ow. Meow meow meow meow, meow, meow, meow meow.

Meow, meow meow meow. Meow meow me-ow!
Meow. Meow meow meow, me-ow. Meow meow
meow meow, meow, meow, meow meow. Meow,
meow meow meow. Meow meow me-ow! Meow.
Meow meow meow, me-ow. Meow meow meow
meow, meow, meow, meow meow. Meow, meow
meow meow. Meow meow me-ow! Meow. Meow
meow meow, me-ow. Meow meow meow meow,
meow, meow, meow meow. Meow, meow meow
meow. Meow meow meow! Meow. Meow meow
meow, me-ow. Meow meow meow meow, meow,
meow, meow meow.

Meow, meow meow meow. Meow meow me-ow!
Meow. Meow meow meow, me-ow. Meow meow
meow meow, meow, meow, meow meow. Meow,
meow meow meow.

Meow meow me-ow! Meow. Meow meow meow,
meow. Meow meow meow meow, meow, meow, meow
meow.

Meow, meow meow meow. Meow meow me-ow!
Meow. Meow meow meow, me-ow. Meow meow
meow meow, meow, meow, meow meow. Meow,
meow meow meow. Meow meow me-ow! Meow.
Meow meow meow, me-ow. Meow meow meow
meow, meow, meow, meow meow. Meow, meow
meow meow. Meow meow me-ow! Meow. Meow
meow meow, me-ow. Meow meow meow meow,
meow, meow, meow meow. Meow, meow meow

meow. Meow meow meow! Meow. Meow meow meow, me-ow. Meow meow meow meow, meow, meow, meow meow.

Meow, meow meow meow. Meow meow me-ow! Meow. Meow meow meow, me-ow. Meow meow meow meow, meow, meow, meow meow. Meow, meow meow meow. Meow meow me-ow! Meow. Meow meow meow, me-ow. Meow meow meow meow, meow, meow, meow meow.

Meow, meow meow meow. Meow meow me-ow! Meow. Meow meow meow, me-ow. Meow meow meow meow, meow, meow, meow meow. Meow, meow meow meow. Meow meow me-ow! Meow. Meow meow meow, me-ow. Meow meow meow meow, meow, meow, meow meow. Meow, meow meow meow. Meow meow me-ow! Meow. Meow meow meow, me-ow. Meow meow meow meow, meow, meow, meow meow. Meow, meow meow meow. Meow meow meow! Meow. Meow meow meow, me-ow. Meow meow meow meow, meow, meow, meow meow.

Meow, meow meow meow. Meow meow me-ow! Meow. Meow meow meow, me-ow. Meow meow meow meow, meow, meow, meow meow. Meow, meow meow meow. Meow meow me-ow! Meow. Meow meow meow, me-ow. Meow meow meow meow, meow, meow, meow meow.

Meow, meow meow meow. Meow meow me-ow!
Meow. Meow meow meow, me-ow. Meow meow
meow meow, meow, meow, meow meow. Meow,
meow meow meow. Meow meow me-ow! Meow.
Meow meow meow, me-ow. Meow meow meow
meow, meow, meow, meow meow. Meow, meow
meow meow. Meow meow me-ow! Meow. Meow
meow meow, me-ow. Meow meow meow meow,
meow, meow, meow meow. Meow, meow meow
meow. Meow meow meow! Meow. Meow meow
meow, me-ow. Meow meow meow meow, meow,
meow, meow meow.

Meow, meow meow meow. Meow meow me-ow!
Meow. Meow meow meow, me-ow. Meow meow
meow meow, meow, meow, meow meow. Meow,
meow meow meow. Meow meow me-ow! Meow.
Meow meow meow, me-ow. Meow meow meow
meow, meow, meow, meow meow.

Meow, meow meow meow. Meow meow me-ow!
Meow. Meow meow meow, me-ow.

Meow meow meow meow, meow, meow, meow meow.
Meow, meow meow meow. Meow meow me-ow!
Meow. Meow meow meow, me-ow. Meow meow
meow meow, meow, meow, meow meow. Meow,
meow meow meow. Meow meow me-ow! Meow.
Meow meow meow, me-ow. Meow meow meow
meow, meow, meow, meow meow. Meow, meow
meow meow. Meow meow meow! Meow. Meow

meow meow, me-ow. Meow meow meow meow, meow, meow, meow meow.

Meow, meow meow meow. Meow meow me-ow! Meow. Meow meow meow, me-ow. Meow meow meow meow, meow, meow, meow meow. Meow, meow meow meow. Meow meow me-ow! Meow. Meow meow meow, me-ow. Meow meow meow meow, meow, meow, meow meow.

Meow, meow meow meow. Meow meow me-ow! Meow. Meow meow meow, me-ow. Meow meow meow meow, meow, meow, meow meow. Meow, meow meow meow.

Meow meow me-ow! Meow. Meow meow meow, meow. Meow meow meow meow, meow, meow, meow meow. Meow, meow meow meow. Meow meow meow! Meow. Meow meow meow, me-ow. Meow meow meow meow, meow, meow, meow meow. Meow, meow meow meow. Meow meow meow! Meow. Meow meow meow, me-ow. Meow meow meow meow, meow, meow, meow meow.

Meow, meow meow meow. Meow meow me-ow! Meow. Meow meow meow, me-ow. Meow meow meow meow, meow, meow, meow meow. Meow, meow meow meow. Meow meow me-ow! Meow. Meow meow meow, me-ow. Meow meow meow meow, meow, meow, meow meow.

Meow, meow meow meow. Meow meow me-ow!
Meow. Meow meow meow, me-ow. Meow meow
meow meow, meow, meow, meow meow. Meow,
meow meow meow. Meow meow me-ow! Meow.
Meow meow meow, me-ow. Meow meow meow
meow, meow, meow, meow meow. Meow, meow
meow meow. Meow meow me-ow! Meow. Meow
meow meow, me-ow. Meow meow meow meow,
meow, meow, meow meow. Meow, meow meow
meow. Meow meow meow! Meow. Meow meow
meow, me-ow. Meow meow meow meow, meow,
meow, meow meow.

Meow, meow meow meow. Meow meow me-ow!
Meow. Meow meow meow, me-ow. Meow meow
meow meow, meow, meow, meow meow. Meow,
meow meow meow. Meow meow me-ow! Meow.
Meow meow meow, me-ow. Meow meow meow
meow, meow, meow, meow meow.

Meow, meow meow meow. Meow meow me-ow!
Meow. Meow meow meow, me-ow. Meow meow
meow meow, meow, meow, meow meow. Meow,
meow meow meow. Meow meow me-ow! Meow.
Meow meow meow, me-ow. Meow meow meow
meow, meow, meow, meow meow. Meow, meow
meow meow. Meow meow me-ow! Meow.

Meow meow meow, me-ow. Meow meow meow
meow, meow, meow, meow meow. Meow, meow

meow meow. Meow meow meow! Meow. Meow meow meow, me-ow. Meow meow meow meow, meow, meow, meow meow.

Meow, meow meow meow. Meow meow me-ow! Meow. Meow meow meow, me-ow. Meow meow meow meow, meow, meow, meow meow. Meow, meow meow meow. Meow meow me-ow! Meow. Meow meow meow, me-ow. Meow meow meow meow, meow, meow, meow meow.

Meow, meow meow meow. Meow meow me-ow! Meow. Meow meow meow, me-ow. Meow meow meow meow, meow, meow, meow meow. Meow, meow meow meow. Meow meow me-ow! Meow.

Meow meow meow, me-ow. Meow meow meow meow, meow, meow, meow meow. Meow, meow meow meow. Meow meow me-ow! Meow. Meow meow meow, me-ow. Meow meow meow meow, meow, meow, meow meow.

Meow, meow meow meow. Meow meow meow! Meow. Meow meow meow, me-ow. Meow meow meow meow, meow, meow, meow meow.

Meow, meow meow meow. Meow meow me-ow! Meow. Meow meow meow, me-ow. Meow meow meow meow, meow, meow, meow meow. Meow, meow meow meow. Meow meow me-ow! Meow. Meow meow meow, me-ow. Meow meow meow meow, meow, meow, meow meow.

Meow, meow meow meow. Meow meow me-ow!
Meow. Meow meow meow, me-ow. Meow meow
meow meow, meow, meow, meow meow. Meow,
meow meow meow. Meow meow me-ow! Meow.
Meow meow meow, me-ow. Meow meow meow
meow, meow, meow, meow meow. Meow, meow
meow meow. Meow meow me-ow! Meow. Meow
meow meow, me-ow. Meow meow meow meow,
meow, meow, meow meow. Meow, meow meow
meow. Meow meow meow! Meow. Meow meow
meow, me-ow. Meow meow meow meow, meow,
meow, meow meow.

Meow, meow meow meow. Meow meow me-ow!
Meow. Meow meow meow, me-ow. Meow meow
meow meow, meow, meow, meow meow. Meow,
meow meow meow. Meow meow me-ow! Meow.
Meow meow meow, me-ow. Meow meow meow
meow, meow, meow, meow meow.

Meow, meow meow meow. Meow meow me-ow!
Meow. Meow meow meow, me-ow. Meow meow
meow meow, meow, meow, meow meow. Meow,
meow meow meow. Meow meow me-ow! Meow.
Meow meow meow, me-ow. Meow meow meow
meow, meow, meow, meow meow. Meow, meow
meow meow. Meow meow me-ow! Meow. Meow
meow meow, me-ow. Meow meow meow meow,
meow, meow, meow meow. Meow, meow meow
meow. Meow meow meow! Meow. Meow meow

meow, me-ow. Meow meow meow meow, meow, meow, meow meow.

Meow, meow meow meow. Meow meow me-ow! Meow. Meow meow meow, me-ow. Meow meow meow meow, meow, meow, meow meow. Meow, meow meow meow. Meow meow me-ow! Meow. Meow meow meow, me-ow. Meow meow meow meow, meow, meow, meow meow.

Meow, meow meow meow. Meow meow me-ow! Meow. Meow meow meow, me-ow. Meow meow meow meow, meow, meow, meow meow. Meow, meow meow meow. Meow meow me-ow! Meow. Meow meow meow, me-ow. Meow meow meow meow, meow, meow, meow meow. Meow, meow meow meow. Meow meow me-ow! Meow. Meow meow meow, me-ow. Meow meow meow meow, meow, meow, meow meow. Meow, meow meow meow. Meow meow meow! Meow. Meow meow meow, me-ow. Meow meow meow meow, meow, meow, meow meow.

Meow, meow meow meow. Meow meow me-ow! Meow. Meow meow meow, me-ow.

Meow meow meow meow, meow, meow, meow meow. Meow, meow meow meow. Meow meow me-ow! Meow. Meow meow meow, me-ow. Meow meow meow meow, meow, meow, meow meow.

Meow, meow meow meow. Meow meow me-ow!
Meow. Meow meow meow, me-ow. Meow meow
meow meow, meow, meow, meow meow. Meow,
meow meow meow. Meow meow me-ow! Meow.
Meow meow meow, me-ow. Meow meow meow
meow, meow, meow, meow meow. Meow, meow
meow meow. Meow meow me-ow! Meow. Meow
meow meow, me-ow. Meow meow meow meow,
meow, meow, meow meow. Meow, meow meow
meow. Meow meow meow! Meow. Meow meow
meow, me-ow. Meow meow meow meow, meow,
meow, meow meow.

Meow, meow meow meow. Meow meow me-ow!
Meow. Meow meow meow, me-ow. Meow meow
meow meow, meow, meow, meow meow. Meow,
meow meow meow.

Meow meow me-ow! Meow. Meow meow meow,
meow. Meow meow meow meow, meow, meow, meow
meow.

Meow, meow meow meow. Meow meow me-ow!
Meow. Meow meow meow, me-ow. Meow meow
meow meow, meow, meow, meow meow. Meow,
meow meow meow. Meow meow me-ow! Meow.
Meow meow meow, me-ow. Meow meow meow
meow, meow, meow, meow meow. Meow, meow
meow meow. Meow meow me-ow! Meow. Meow
meow meow, me-ow. Meow meow meow meow,

meow, meow, meow meow. Meow, meow meow
meow. Meow meow meow! Meow. Meow meow
meow, me-ow. Meow meow meow meow, meow,
meow, meow meow.

Meow, meow meow meow. Meow meow me-ow!
Meow. Meow meow meow, me-ow. Meow meow
meow meow, meow, meow, meow meow. Meow,
meow meow meow. Meow meow me-ow! Meow.
Meow meow meow, me-ow. Meow meow meow
meow, meow, meow, meow meow.

Meow, meow meow meow. Meow meow me-ow!
Meow. Meow meow meow, me-ow. Meow meow
meow meow, meow, meow, meow meow. Meow,
meow meow meow. Meow meow me-ow! Meow.
Meow meow meow, me-ow. Meow meow meow
meow, meow, meow, meow meow. Meow, meow
meow meow. Meow meow me-ow! Meow. Meow
meow meow, me-ow. Meow meow meow meow,
meow, meow, meow meow. Meow, meow meow
meow. Meow meow meow! Meow. Meow meow
meow, me-ow. Meow meow meow meow, meow,
meow, meow meow.

Meow, meow meow meow. Meow meow me-ow!
Meow. Meow meow meow, me-ow. Meow meow
meow meow, meow, meow, meow meow. Meow,
meow meow meow. Meow meow me-ow! Meow.
Meow meow meow, me-ow. Meow meow meow
meow, meow, meow, meow meow.

Meow, meow meow meow. Meow meow me-ow!
Meow. Meow meow meow, me-ow. Meow meow
meow meow, meow, meow, meow meow. Meow,
meow meow meow. Meow meow me-ow! Meow.
Meow meow meow, me-ow. Meow meow meow
meow, meow, meow, meow meow. Meow, meow
meow meow. Meow meow me-ow! Meow. Meow
meow meow, me-ow. Meow meow meow meow,
meow, meow, meow meow. Meow, meow meow
meow. Meow meow meow! Meow. Meow meow
meow, me-ow. Meow meow meow meow, meow,
meow, meow meow.

Meow, meow meow meow. Meow meow me-ow!
Meow. Meow meow meow, me-ow. Meow meow
meow meow, meow, meow, meow meow. Meow,
meow meow meow. Meow meow me-ow! Meow.
Meow meow meow, me-ow. Meow meow meow
meow, meow, meow, meow meow.

Meow, meow meow meow. Meow meow me-ow!
Meow. Meow meow meow, me-ow.

Meow meow meow meow, meow, meow, meow meow.
Meow, meow meow meow. Meow meow me-ow!
Meow. Meow meow meow, me-ow. Meow meow
meow meow, meow, meow, meow meow. Meow,
meow meow meow. Meow meow me-ow! Meow.
Meow meow meow, me-ow. Meow meow meow
meow, meow, meow, meow meow. Meow, meow

meow meow. Meow meow meow! Meow. Meow meow meow, me-ow. Meow meow meow meow, meow, meow, meow meow.

Meow, meow meow meow. Meow meow me-ow! Meow. Meow meow meow, me-ow. Meow meow meow meow, meow, meow, meow meow. Meow, meow meow meow. Meow meow me-ow! Meow. Meow meow meow, me-ow. Meow meow meow meow, meow, meow, meow meow.

Meow, meow meow meow. Meow meow me-ow! Meow. Meow meow meow, me-ow. Meow meow meow meow, meow, meow, meow meow. Meow, meow meow meow.

Meow meow me-ow! Meow. Meow meow meow, meow. Meow meow meow meow, meow, meow, meow meow. Meow, meow meow meow. Meow meow meow! Meow. Meow meow meow, me-ow. Meow meow meow meow, meow, meow, meow meow. Meow, meow meow meow. Meow meow meow! Meow.

Meow meow meow, me-ow. Meow meow meow meow, meow, meow, meow meow.

Meow, meow meow meow. Meow meow me-ow! Meow. Meow meow meow, me-ow. Meow meow meow meow, meow, meow, meow meow. Meow, meow meow meow. Meow meow me-ow! Meow.

Meow meow meow, me-ow. Meow meow meow meow, meow, meow, meow meow.

Meow, meow meow meow. Meow meow me-ow! Meow. Meow meow meow, me-ow. Meow meow meow meow, meow, meow, meow meow. Meow, meow meow meow. Meow meow me-ow! Meow. Meow meow meow, me-ow. Meow meow meow meow, meow, meow, meow meow. Meow, meow meow meow. Meow meow me-ow! Meow. Meow meow meow, me-ow. Meow meow meow meow, meow, meow, meow meow. Meow, meow meow meow. Meow meow meow! Meow. Meow meow meow, me-ow. Meow meow meow meow, meow, meow, meow meow.

Meow, meow meow meow. Meow meow me-ow! Meow. Meow meow meow, me-ow. Meow meow meow meow, meow, meow, meow meow. Meow, meow meow meow. Meow meow me-ow! Meow. Meow meow meow, me-ow. Meow meow meow meow, meow, meow, meow meow.

Meow, meow meow meow. Meow meow me-ow! Meow. Meow meow meow, me-ow. Meow meow meow meow, meow, meow, meow meow. Meow, meow meow meow. Meow meow me-ow! Meow. Meow meow meow, me-ow. Meow meow meow meow, meow, meow, meow meow. Meow, meow meow meow. Meow meow me-ow! Meow.

Meow meow meow, me-ow. Meow meow meow meow, meow, meow, meow meow. Meow, meow meow meow. Meow meow meow! Meow. Meow meow meow, me-ow. Meow meow meow meow, meow, meow, meow meow.

Meow, meow meow meow. Meow meow me-ow! Meow. Meow meow meow, me-ow. Meow meow meow meow, meow, meow, meow meow. Meow, meow meow meow. Meow meow me-ow! Meow. Meow meow meow, me-ow. Meow meow meow meow, meow, meow, meow meow.

Meow, meow meow meow. Meow meow me-ow! Meow. Meow meow meow, me-ow. Meow meow meow meow, meow, meow, meow meow. Meow, meow meow meow. Meow meow me-ow! Meow. Meow meow meow, me-ow. Meow meow meow meow, meow, meow, meow meow. Meow, meow meow meow. Meow meow me-ow! Meow. Meow meow meow, me-ow. Meow meow meow meow, meow, meow, meow meow.

Meow, meow meow meow. Meow meow meow! Meow. Meow meow meow, me-ow. Meow meow meow meow, meow, meow, meow meow.

Meow, meow meow meow. Meow meow me-ow! Meow. Meow meow meow, me-ow. Meow meow meow meow, meow, meow, meow meow. Meow, meow meow meow. Meow meow me-ow! Meow.

Meow meow meow, me-ow. Meow meow meow
meow, meow, meow, meow meow.

Meow, meow meow meow. Meow meow me-ow!
Meow. Meow meow meow, me-ow. Meow meow
meow meow, meow, meow, meow meow. Meow,
meow meow meow. Meow meow me-ow! Meow.
Meow meow meow, me-ow. Meow meow meow
meow, meow, meow, meow meow. Meow, meow
meow meow. Meow meow me-ow! Meow. Meow
meow meow, me-ow. Meow meow meow meow,
meow, meow, meow meow. Meow, meow meow
meow. Meow meow meow! Meow. Meow meow
meow, me-ow. Meow meow meow meow, meow,
meow, meow meow.

Meow, meow meow meow. Meow meow me-ow!
Meow. Meow meow meow, me-ow. Meow meow
meow meow, meow, meow, meow meow. Meow,
meow meow meow. Meow meow me-ow! Meow.
Meow meow meow, me-ow. Meow meow meow
meow, meow, meow, meow meow.

Meow, meow meow meow. Meow meow me-ow!
Mcow. Meow meow meow, me-ow. Meow meow
meow meow, meow, meow, meow meow. Meow,
meow meow meow. Meow meow me-ow! Meow.
Meow meow meow, me-ow. Meow meow meow

meow meow. Meow meow me-ow! Meow. Meow
meow meow, me-ow. Meow meow meow meow,
meow, meow, meow meow. Meow, meow meow
meow. Meow meow meow! Meow. Meow meow
meow, me-ow. Meow meow meow meow, meow,
meow, meow meow.

Meow, meow meow meow. Meow meow me-ow!
Meow. Meow meow meow, me-ow. Meow meow
meow meow, meow, meow, meow meow. Meow,
meow meow meow. Meow meow me-ow! Meow.
Meow meow meow, me-ow. Meow meow meow
meow, meow, meow, meow meow.

Meow, meow meow meow. Meow meow me-ow!
Meow. Meow meow meow, me-ow. Meow meow
meow meow, meow, meow, meow meow. Meow,
meow meow meow. Meow meow me-ow! Meow.
Meow meow meow, me-ow. Meow meow meow
meow, meow, meow, meow meow. Meow, meow
meow meow. Meow meow me-ow! Meow. Meow
meow meow, me-ow. Meow meow meow meow,
meow, meow, meow meow. Meow, meow meow
meow. Meow meow meow! Meow. Meow meow
meow, me-ow. Meow meow meow meow, meow,
meow, meow meow.

Meow, meow meow meow. Meow meow me-ow!
Meow. Meow meow meow, me-ow.

Meow meow meow meow, meow, meow, meow meow.
Meow, meow meow meow. Meow meow me-ow!
Meow. Meow meow meow, me-ow. Meow meow
meow meow, meow, meow, meow meow.

Meow, meow meow meow. Meow meow me-ow!
Meow. Meow meow meow, me-ow. Meow meow
meow meow, meow, meow, meow meow. Meow,
meow meow meow. Meow meow me-ow! Meow.
Meow meow meow, me-ow. Meow meow meow
meow, meow, meow, meow meow. Meow, meow
meow meow. Meow meow me-ow! Meow. Meow
meow meow, me-ow. Meow meow meow meow,
meow, meow, meow meow. Meow, meow meow
meow. Meow meow meow! Meow. Meow meow
meow, me-ow. Meow meow meow meow, meow,
meow, meow meow.

Meow, meow meow meow. Meow meow me-ow!
Meow. Meow meow meow, me-ow. Meow meow
meow meow, meow, meow, meow meow. Meow,
meow meow meow.

Meow meow me-ow! Meow. Meow meow meow,
meow. Meow meow meow meow, meow, meow, meow
meow.

Meow, meow meow meow. Meow meow me-ow!
Meow. Meow meow meow, me-ow. Meow meow
meow meow, meow, meow, meow meow. Meow,
meow meow meow. Meow meow me-ow! Meow.

Meow meow meow, me-ow. Meow meow meow meow meow. Meow meow me-ow! Meow. Meow meow meow, me-ow. Meow meow meow meow, meow, meow, meow meow. Meow, meow meow meow. Meow meow meow! Meow. Meow meow meow, me-ow. Meow meow meow meow, meow, meow, meow meow.

Meow, meow meow meow. Meow meow me-ow! Meow. Meow meow meow, me-ow. Meow meow meow meow, meow, meow, meow meow. Meow, meow meow meow. Meow meow me-ow! Meow. Meow meow meow, me-ow. Meow meow meow meow, meow, meow, meow meow.

Meow, meow meow meow. Meow meow me-ow! Meow. Meow meow meow, me-ow. Meow meow meow meow, meow, meow, meow meow. Meow, meow meow meow. Meow meow me-ow! Meow. Meow meow meow, me-ow. Meow meow meow meow, meow, meow, meow meow. Meow, meow meow meow. Meow meow me-ow! Meow. Meow meow meow, me-ow. Meow meow meow meow, meow, meow, meow meow. Meow, meow meow meow. Meow meow meow! Meow. Meow meow meow, me-ow. Meow meow meow meow, meow, meow, meow meow.

Meow, meow meow meow. Meow meow me-ow! Meow. Meow meow meow, me-ow. Meow meow

meow meow, meow, meow, meow meow. Meow,
meow meow meow. Meow meow me-ow! Meow.

Meow meow meow, me-ow. Meow meow meow
meow, meow, meow, meow meow.

Meow, meow meow meow. Meow meow me-ow!
Meow. Meow meow meow, me-ow. Meow meow
meow meow, meow, meow, meow meow. Meow,
meow meow meow. Meow meow me-ow! Meow.
Meow meow meow, me-ow. Meow meow meow
meow, meow, meow, meow meow. Meow, meow
meow meow. Meow meow me-ow! Meow. Meow
meow meow, me-ow. Meow meow meow meow,
meow, meow, meow meow. Meow, meow meow
meow. Meow meow meow! Meow. Meow meow
meow, me-ow. Meow meow meow meow, meow,
meow, meow meow.

Meow, meow meow meow. Meow meow me-ow!
Meow. Meow meow meow, me-ow. Meow meow
meow meow, meow, meow, meow meow. Meow,
meow meow meow. Meow meow me-ow! Meow.
Meow mcow meow, me-ow. Meow meow meow
meow, meow, meow, meow meow.

Meow, meow meow meow. Meow meow me-ow!
Meow. Meow meow meow, me-ow.

Meow meow meow meow, meow, meow, meow meow.
Meow, meow meow meow. Meow meow me-ow!

Meow. Meow meow meow, me-ow. Meow meow meow meow, meow, meow, meow meow. Meow, meow meow meow. Meow meow me-ow! Meow. Meow meow meow, me-ow. Meow meow meow

meow meow. Meow meow meow! Meow. Meow meow meow, me-ow. Meow meow meow meow, meow, meow, meow meow.

Meow, meow meow meow. Meow meow me-ow! Meow. Meow meow meow, me-ow. Meow meow meow meow, meow, meow, meow meow. Meow, meow meow meow. Meow meow me-ow! Meow. Meow meow meow, me-ow. Meow meow meow meow, meow, meow, meow meow.

Meow, meow meow meow. Meow meow me-ow! Meow. Meow meow meow, me-ow. Meow meow meow meow, meow, meow, meow meow. Meow, meow meow meow.

Meow meow me-ow! Meow. Meow meow meow, meow. Meow meow meow meow, meow, meow, meow meow. Meow, meow meow meow. Meow meow meow! Meow. Meow meow meow, me-ow. Meow meow meow meow, meow, meow, meow meow. Meow, meow meow meow. Meow meow meow! Meow. Meow meow meow, me-ow. Meow meow meow meow, meow, meow, meow meow.

Meow, meow meow meow. Meow meow me-ow!
Meow. Meow meow meow, me-ow. Meow meow
meow meow, meow, meow, meow meow. Meow,
meow meow meow. Meow meow me-ow! Meow.
Meow meow meow, me-ow. Meow meow meow
meow, meow, meow, meow meow.

Meow, meow meow meow. Meow meow me-ow!
Meow. Meow meow meow, me-ow. Meow meow
meow meow, meow, meow, meow meow. Meow,
meow meow meow. Meow meow me-ow! Meow.
Meow meow meow, me-ow. Meow meow meow
meow, meow, meow, meow meow. Meow, meow
meow meow. Meow meow me-ow! Meow. Meow
meow meow, me-ow. Meow meow meow meow,
meow, meow, meow meow. Meow, meow meow
meow. Meow meow meow! Meow. Meow meow
meow, me-ow. Meow meow meow meow, meow,
meow, meow meow.

Meow, meow meow meow. Meow meow me-ow!
Meow. Meow meow meow, me-ow. Meow meow
meow meow, meow, meow, meow meow. Meow,
meow meow meow. Meow meow me-ow! Meow.
Meow meow meow, me-ow. Meow meow meow
meow, meow, meow, meow meow.

Meow, meow meow meow. Meow meow me-ow!
Meow. Meow meow meow, me-ow. Meow meow
meow meow, meow, meow, meow meow. Meow,

meow meow meow. Meow meow me-ow! Meow. Meow meow meow, me-ow. Meow meow meow meow, meow, meow, meow meow. Meow, meow meow meow. Meow meow me-ow! Meow.

Meow meow meow, me-ow. Meow meow meow meow, meow, meow, meow meow. Meow, meow meow meow. Meow meow meow! Meow. Meow

meow meow, me-ow. Meow meow meow meow,
meow, meow, meow meow.

Meow, meow meow meow. Meow meow me-ow!
Meow. Meow meow meow, me-ow. Meow meow
meow meow, meow, meow, meow meow. Meow,
meow meow meow. Meow meow me-ow! Meow.
Meow meow meow, me-ow. Meow meow meow
meow, meow, meow, meow meow.

Meow, meow meow meow. Meow meow me-ow!
Meow. Meow meow meow, me-ow. Meow meow
meow meow, meow, meow, meow meow. Meow,
meow meow meow. Meow meow me-ow! Meow.
Meow meow meow, me-ow. Meow meow meow
meow, meow, meow, meow meow. Meow, meow
meow meow. Meow meow me-ow! Meow. Meow
meow meow, me-ow. Meow meow meow meow,
meow, meow, meow meow.

Meow, meow meow meow. Meow meow meow!
Meow. Meow meow meow, me-ow. Meow meow
meow meow, meow, meow, meow meow.

Meow, meow meow meow. Meow meow me-ow!
Meow. Meow meow meow, me-ow. Meow meow
meow meow, meow, meow, meow meow. Meow,
meow meow meow. Meow meow me-ow! Meow.
Meow meow meow, me-ow. Meow meow meow
meow, meow, meow, meow meow.

Meow, meow meow meow. Meow meow me-ow!

Meow. Meow meow meow, me-ow. Meow meow meow meow, meow, meow, meow meow. Meow, meow meow meow. Meow meow me-ow! Meow. Meow meow meow, me-ow. Meow meow meow meow, meow, meow, meow meow. Meow, meow meow meow. Meow meow me-ow! Meow. Meow meow meow, me-ow. Meow meow meow meow, meow, meow, meow meow. Meow, meow meow meow. Meow meow meow! Meow. Meow meow meow, me-ow. Meow meow meow meow, meow, meow, meow meow.

Meow, meow meow meow. Meow meow me-ow! Meow. Meow meow meow, me-ow. Meow meow meow meow, meow, meow, meow meow. Meow, meow meow meow. Meow meow me-ow! Meow. Meow meow meow, me-ow. Meow meow meow meow, meow, meow, meow meow.

Meow, meow meow meow. Meow meow me-ow! Meow. Meow meow meow, me-ow. Meow meow meow meow, meow, meow, meow meow. Meow, meow meow meow. Meow meow me-ow! Meow. Meow meow meow, me-ow. Meow meow meow meow, meow, meow, meow meow. Meow, meow meow meow. Meow meow me-ow! Meow. Meow meow meow, me-ow. Meow meow meow meow, meow, meow, meow meow. Meow, meow meow meow. Meow meow meow! Meow. Meow meow

meow, me-ow. Meow meow meow meow, meow, meow, meow meow.

Meow, meow meow meow. Meow meow me-ow! Meow. Meow meow meow, me-ow. Meow meow meow meow, meow, meow, meow meow. Meow, meow meow meow. Meow meow me-ow! Meow. Meow meow meow, me-ow. Meow meow meow meow, meow, meow, meow meow.

Meow, meow meow meow. Meow meow me-ow! Meow. Meow meow meow, me-ow. Meow meow meow meow, meow, meow, meow meow. Meow, meow meow meow. Meow meow me-ow! Meow. Meow meow meow, me-ow. Meow meow meow meow, meow, meow, meow meow. Meow, meow meow meow. Meow meow me-ow! Meow. Meow meow meow, me-ow. Meow meow meow meow, meow, meow, meow meow. Meow, meow meow meow. Meow meow meow! Meow. Meow meow meow, me-ow. Meow meow meow meow, meow, meow, meow meow.

Meow, meow meow meow. Meow meow me-ow! Meow. Meow meow meow, me-ow.

Meow meow meow meow, meow, meow, meow meow. Meow, meow meow meow. Meow meow me-ow! Meow. Meow meow meow, me-ow. Meow meow meow meow, meow, meow, meow meow.

Meow, meow meow meow. Meow meow me-ow!
Meow. Meow meow meow, me-ow. Meow meow
meow meow, meow, meow, meow meow. Meow,
meow meow meow. Meow meow me-ow! Meow.

Meow meow meow, me-ow. Meow meow meow
meow, meow, meow, meow meow. Meow, meow
meow meow. Meow meow me-ow! Meow. Meow
meow meow, me-ow. Meow meow meow meow,
meow, meow, meow meow. Meow, meow meow
meow. Meow meow meow! Meow. Meow meow
meow, me-ow. Meow meow meow meow, meow,
meow, meow meow.

Meow, meow meow meow. Meow meow me-ow!
Meow. Meow meow meow, me-ow. Meow meow
meow meow, meow, meow, meow meow. Meow,
meow meow meow.

Meow meow me-ow! Meow. Meow meow meow,
meow. Meow meow meow meow, meow, meow, meow
meow.

Meow, meow meow meow. Meow meow me-ow!
Meow. Meow meow meow, me-ow. Meow meow
meow meow, meow, meow, meow meow. Meow,
meow meow meow. Meow meow me-ow! Meow.
Meow meow meow, me-ow. Meow meow meow
meow, meow, meow, meow meow. Meow, meow
meow meow. Meow meow me-ow! Meow. Meow
meow meow, me-ow. Meow meow meow meow,

meow, meow, meow meow. Meow, meow meow
meow. Meow meow meow! Meow. Meow meow
meow, me-ow. Meow meow meow meow, meow,
meow, meow meow.

Meow, meow meow meow. Meow meow me-ow!
Meow. Meow meow meow, me-ow. Meow meow
meow meow, meow, meow, meow meow. Meow,
meow meow meow. Meow meow me-ow! Meow.
Meow meow meow, me-ow. Meow meow meow
meow, meow, meow, meow meow.

Meow, meow meow meow. Meow meow me-ow!
Meow. Meow meow meow, me-ow. Meow meow
meow meow, meow, meow, meow meow. Meow,
meow meow meow. Meow meow me-ow! Meow.
Meow meow meow, me-ow. Meow meow meow
meow, meow, meow, meow meow. Meow, meow
meow meow. Meow meow me-ow! Meow. Meow
meow meow, me-ow. Meow meow meow meow,
meow, meow, meow meow. Meow, meow meow
meow. Meow meow meow! Meow. Meow meow
meow, me-ow. Meow meow meow meow, meow,
meow, meow meow.

Meow, meow meow meow. Meow meow me-ow!
Meow. Meow meow meow, me-ow. Meow meow
meow meow, meow, meow, meow meow. Meow,
meow meow meow. Meow meow me-ow! Meow.
Meow meow meow, me-ow. Meow meow meow
meow, meow, meow, meow meow.

Meow, meow meow meow. Meow meow me-ow!
Meow. Meow meow meow, me-ow. Meow meow
meow meow, meow, meow, meow meow. Meow,
meow meow meow. Meow meow me-ow! Meow.
Meow meow meow, me-ow. Meow meow meow
meow, meow, meow, meow meow. Meow, meow
meow meow. Meow meow me-ow! Meow. Meow
meow meow, me-ow. Meow meow meow meow,
meow, meow, meow meow. Meow, meow meow
meow. Meow meow meow! Meow. Meow meow
meow, me-ow. Meow meow meow meow, meow,
meow, meow meow.

Meow, meow meow meow. Meow meow me-ow!
Meow. Meow meow meow, me-ow. Meow meow
meow meow, meow, meow, meow meow. Meow,
meow meow meow. Meow meow me-ow! Meow.
Meow meow meow, me-ow. Meow meow meow
meow, meow, meow, meow meow.

Meow, meow meow meow. Meow meow me-ow!
Meow. Meow meow meow, me-ow.

Meow meow meow meow, meow, meow, meow meow.
Meow, meow meow meow. Meow meow me-ow!
Meow. Meow meow meow, me-ow. Meow meow
meow meow, meow, meow, meow meow. Meow,
meow meow meow. Meow meow me-ow! Meow.
Meow meow meow, me-ow. Meow meow meow
meow, meow, meow, meow meow. Meow, meow

meow meow. Meow meow meow! Meow. Meow
meow meow, me-ow. Meow meow meow meow,
meow, meow, meow meow.

Meow, meow meow meow. Meow meow me-ow!
Meow. Meow meow meow, me-ow. Meow meow
meow meow, meow, meow, meow meow. Meow,
meow meow meow. Meow meow me-ow! Meow.
Meow meow meow, me-ow. Meow meow meow
meow, meow, meow, meow meow.

Meow, meow meow meow. Meow meow me-ow!
Meow. Meow meow meow, me-ow. Meow meow
meow meow, meow, meow, meow meow. Meow,
meow meow meow.

Meow meow me-ow! Meow. Meow meow meow,
meow. Meow meow meow meow, meow, meow, meow
meow. Meow, meow meow meow. Meow meow
meow! Meow. Meow meow meow, me-ow. Meow
meow meow meow, meow, meow, meow meow.
Meow, meow meow meow. Meow meow meow!
Meow. Meow meow meow, me-ow. Meow mcow
meow meow, meow, meow, meow meow.

Meow, meow meow meow. Meow meow me-ow!
Meow. Meow meow meow, me-ow. Meow meow
meow meow, meow, meow, meow meow. Meow,
meow meow meow. Meow meow me-ow! Meow.
Meow meow meow, me-ow. Meow meow meow
meow, meow, meow, meow meow.

Meow, meow meow meow. Meow meow me-ow! Meow. Meow meow meow, me-ow. Meow meow meow meow, meow, meow, meow meow. Meow, meow meow meow. Meow meow me-ow! Meow. Meow meow meow, me-ow. Meow meow meow meow, meow, meow, meow meow. Meow, meow meow meow. Meow meow me-ow! Meow. Meow meow meow, me-ow. Meow meow meow meow, meow, meow, meow meow. Meow, meow meow meow. Meow meow meow! Meow. Meow meow meow, me-ow. Meow meow meow meow, meow, meow, meow meow.

Meow, meow meow meow. Meow meow me-ow! Meow. Meow meow meow, me-ow. Meow meow meow meow, meow, meow, meow meow. Meow, meow meow meow. Meow meow me-ow! Meow. Meow meow meow, me-ow. Meow meow meow meow, meow, meow, meow meow. Meow, meow meow meow. Meow meow me-ow! Meow. Meow meow meow, me-ow. Meow meow meow meow, meow, meow, meow meow. Meow, meow meow meow. Meow meow me-ow! Meow. Meow meow meow, me-ow. Meow meow meow meow, meow, meow, meow meow.

Meow, meow meow meow. Meow meow me-ow! Meow. Meow meow meow, me-ow. Meow meow meow meow, meow, meow, meow meow. Meow, meow meow meow. Meow meow me-ow! Meow.

Meow meow meow, me-ow. Meow meow meow meow, meow, meow, meow meow. Meow, meow meow meow. Meow meow me-ow! Meow. Meow meow meow, me-ow. Meow meow meow meow, meow, meow, meow meow. Meow, meow meow meow. Meow meow meow! Meow. Meow meow meow, me-ow. Meow meow meow meow, meow, meow, meow meow.

Meow, meow meow meow. Meow meow me-ow! Meow. Meow meow meow, me-ow.

Meow meow meow meow, meow, meow, meow meow. Meow, meow meow meow. Meow meow me-ow! Meow. Meow meow meow, me-ow. Meow meow meow meow, meow, meow, meow meow.

Meow, meow meow meow. Meow meow me-ow! Meow. Meow meow meow, me-ow. Meow meow meow meow, meow, meow, meow meow. Meow, meow meow meow. Meow meow me-ow! Meow. Meow meow meow, me-ow. Meow meow meow meow, meow, meow, meow meow. Meow, meow meow meow. Meow meow me-ow! Meow. Meow meow meow, me-ow. Meow meow meow meow, meow, meow, meow meow. Meow, meow meow meow. Meow meow meow! Meow. Meow meow meow, me-ow. Meow meow meow meow, meow, meow, meow meow.

Meow, meow meow meow. Meow meow me-ow!
Meow. Meow meow meow, me-ow. Meow meow
meow meow, meow, meow, meow meow. Meow,
meow meow meow. Meow meow me-ow! Meow.
Meow meow meow, me-ow. Meow meow meow
meow, meow, meow, meow meow.

Meow, meow meow meow. Meow meow me-ow!
Meow. Meow meow meow, me-ow. Meow meow
meow meow, meow, meow, meow meow. Meow,
meow meow meow. Meow meow me-ow! Meow.

Meow meow meow, me-ow. Meow meow meow
meow, meow, meow, meow meow. Meow, meow
meow meow. Meow meow me-ow! Meow. Meow
meow meow, me-ow. Meow meow meow meow,
meow, meow, meow meow. Meow, meow meow
meow. Meow meow meow! Meow. Meow meow
meow, me-ow. Meow meow meow meow, meow,
meow, meow meow.

Meow, meow meow meow. Meow meow me-ow!
Meow. Meow meow meow, me-ow.

Meow meow meow meow, meow, meow, meow meow.
Meow, meow meow meow. Meow meow me-ow!
Meow. Meow meow meow, me-ow. Meow meow
meow meow, meow, meow, meow meow.

Meow, meow meow meow. Meow meow me-ow!
Meow. Meow meow meow, me-ow. Meow meow
meow meow, meow, meow, meow meow. Meow,

meow meow meow. Meow meow me-ow! Meow.
Meow meow meow, me-ow. Meow meow meow
meow, meow, meow, meow meow. Meow, meow
meow meow. Meow meow me-ow! Meow. Meow
meow meow, me-ow. Meow meow meow meow,
meow, meow, meow meow. Meow, meow meow
meow. Meow meow meow! Meow. Meow meow
meow, me-ow. Meow meow meow meow, meow,
meow, meow meow.

Meow, meow meow meow. Meow meow me-ow!
Meow. Meow meow meow, me-ow. Meow meow
meow meow, meow, meow, meow meow. Meow,
meow meow meow. Meow meow me-ow! Meow.
Meow meow meow, me-ow. Meow meow meow
meow, meow, meow, meow meow.

Meow, meow meow meow. Meow meow me-ow!
Meow. Meow meow meow, me-ow. Meow meow
meow meow, meow, meow, meow meow. Meow,
meow meow meow. Meow meow me-ow! Meow.
Meow meow meow, me-ow. Meow meow meow
meow, meow, meow, meow meow. Meow, meow
meow meow. Meow meow me-ow! Meow. Meow
meow meow, me-ow. Meow meow meow meow,
meow, meow, meow meow. Meow, meow meow
meow. Meow meow meow! Meow. Meow meow
meow, me-ow. Meow meow meow meow, meow,
meow, meow meow.

Meow, meow meow meow. Meow meow me-ow!
Meow. Meow meow meow, me-ow.

Meow meow meow meow, meow, meow, meow meow.
Meow, meow meow meow. Meow meow me-ow!
Meow. Meow meow meow, me-ow. Meow meow
meow meow, meow, meow, meow meow.

Meow, meow meow meow. Meow meow me-ow!
Meow. Meow meow meow, me-ow. Meow meow
meow meow, meow, meow, meow meow. Meow,
meow meow meow. Meow meow me-ow! Meow.
Meow meow meow, me-ow. Meow meow meow
meow, meow, meow, meow meow. Meow, meow
meow meow. Meow meow me-ow! Meow. Meow
meow meow, me-ow. Meow meow meow meow,
meow, meow, meow meow. Meow, meow meow
meow. Meow meow meow! Meow. Meow meow
meow, me-ow. Meow meow meow meow, meow,
meow, meow meow.

Meow, meow meow meow. Meow meow me-ow!
Meow. Meow meow meow, me-ow. Meow meow
meow meow, meow, meow, meow meow. Meow,
meow meow meow. Meow meow me-ow! Meow.
Meow meow meow, me-ow. Meow meow meow
meow, meow, meow, meow meow.

Meow, meow meow meow. Meow meow me-ow!
Meow. Meow meow meow, me-ow. Meow meow
meow meow, meow, meow, meow meow. Meow,

meow meow meow. Meow meow me-ow! Meow.
Meow meow meow, me-ow. Meow meow meow
meow, meow, meow, meow meow. Meow, meow
meow meow. Meow meow me-ow! Meow. Meow
meow meow, me-ow. Meow meow meow meow,
meow, meow, meow meow. Meow, meow meow
meow. Meow meow meow! Meow. Meow meow
meow, me-ow. Meow meow meow meow, meow,
meow, meow meow.

Meow, meow meow meow. Meow meow me-ow!
Meow. Meow meow meow, me-ow.

Meow meow meow meow, meow, meow, meow meow.
Meow, meow meow meow. Meow meow me-ow!

Meow. Meow meow meow, me-ow. Meow meow
meow meow, meow, meow, meow meow.

Meow, meow meow meow. Meow meow me-ow!
Meow. Meow meow meow, me-ow. Meow meow
meow meow, meow, meow, meow meow. Meow,
meow meow meow. Meow meow me-ow! Meow.
Meow meow meow, me-ow. Meow meow meow
meow, meow, meow, meow meow. Meow, meow
meow meow. Meow meow me-ow! Meow. Meow
meow meow, me-ow. Meow meow meow meow,
meow, meow, meow meow. Meow, meow meow
meow. Meow meow meow! Meow. Meow meow
meow, me-ow. Meow meow meow meow, meow,
meow, meow meow.

Meow, meow meow meow. Meow meow me-ow!
Meow. Meow meow meow, me-ow. Meow meow
meow meow, meow, meow, meow meow. Meow,
meow meow meow. Meow meow me-ow! Meow.
Meow meow meow, me-ow. Meow meow meow
meow, meow, meow, meow meow.

Meow, meow meow meow. Meow meow me-ow!
Meow. Meow meow meow, me-ow. Meow meow
meow meow, meow, meow, meow meow. Meow,
meow meow meow. Meow meow me-ow! Meow.
Meow meow meow, me-ow. Meow meow meow
meow, meow, meow, meow meow. Meow, meow
meow meow. Meow meow me-ow! Meow. Meow
meow meow, me-ow. Meow meow meow meow,
meow, meow, meow meow. Meow, meow meow
meow. Meow meow meow! Meow. Meow meow
meow, me-ow. Meow meow meow meow, meow,
meow, meow meow.

Meow, meow meow meow. Meow meow me-ow!
Meow. Meow meow meow, me-ow.

Meow meow meow meow, meow, meow, meow meow.
Meow, meow meow meow. Meow meow me-ow!
Meow. Meow meow meow, me-ow. Meow meow
meow meow, meow, meow, meow meow.

Meow, meow meow meow. Meow meow me-ow!
Meow. Meow meow meow, me-ow. Meow meow
meow meow, meow, meow, meow meow. Meow,

meow meow meow. Meow meow me-ow! Meow.
Meow meow meow, me-ow. Meow meow meow
meow, meow, meow, meow meow. Meow, meow
meow meow. Meow meow me-ow! Meow. Meow
meow meow, me-ow. Meow meow meow meow,
meow, meow, meow meow. Meow, meow meow
meow. Meow meow meow! Meow. Meow meow
meow, me-ow. Meow meow meow meow, meow,
meow, meow meow.

Meow, meow meow meow. Meow meow me-ow!
Meow. Meow meow meow, me-ow. Meow meow
meow meow, meow, meow, meow meow. Meow,
meow meow meow. Meow meow me-ow! Meow.
Meow meow meow, me-ow. Meow meow meow
meow, meow, meow, meow meow.

Meow, meow meow meow. Meow meow me-ow!
Meow. Meow meow meow, me-ow. Meow meow
meow meow, meow, meow, meow meow. Meow,
meow meow meow. Meow meow me-ow! Meow.
Meow meow meow, me-ow. Meow meow meow
meow, meow, meow, meow meow. Meow, meow
meow meow. Meow meow me-ow! Meow. Meow
meow meow, me-ow. Meow meow meow meow,
meow, meow, meow meow. Meow, meow meow
meow. Meow meow meow! Meow. Meow meow
meow, me-ow. Meow meow meow meow, meow,
meow, meow meow.

Meow, meow meow meow. Meow meow me-ow!
Meow. Meow meow meow, me-ow.

Meow meow meow meow, meow, meow, meow meow.
Meow, meow meow meow. Meow meow me-ow!
Meow. Meow meow meow, me-ow. Meow meow
meow meow, meow, meow, meow meow.

Meow, meow meow meow. Meow meow me-ow!
Meow. Meow meow meow, me-ow. Meow meow
meow meow, meow, meow, meow meow. Meow,
meow meow meow. Meow meow me-ow! Meow.
Meow meow meow, me-ow. Meow meow meow
meow, meow, meow, meow meow. Meow, meow
meow meow. Meow meow me-ow! Meow. Meow
meow meow, me-ow. Meow meow meow meow,
meow, meow, meow meow. Meow, meow meow
meow. Meow meow meow! Meow. Meow meow
meow, me-ow. Meow meow meow meow, meow,
meow, meow meow.

Meow, meow meow meow. Meow meow me-ow!
Meow. Meow meow meow, me-ow. Meow meow
meow meow, meow, meow, meow meow. Meow,
meow meow meow. Meow meow me-ow! Meow.
Meow meow meow, me-ow. Meow meow meow
meow, meow, meow, meow meow.

Meow, meow meow meow. Meow meow me-ow!
Meow. Meow meow meow, me-ow. Meow meow
meow meow, meow, meow, meow meow. Meow,

meow meow meow. Meow meow me-ow! Meow.
Meow meow meow, me-ow. Meow meow meow
meow, meow, meow, meow meow. Meow, meow
meow meow. Meow meow me-ow! Meow. Meow
meow meow, me-ow. Meow meow meow meow,
meow, meow, meow meow. Meow, meow meow
meow. Meow meow meow! Meow. Meow meow
meow, me-ow. Meow meow meow meow, meow,
meow, meow meow.

Meow, meow meow meow. Meow meow me-ow!
Meow. Meow meow meow, me-ow.

Meow meow meow meow, meow, meow, meow meow.
Meow, meow meow meow. Meow meow me-ow!
Meow. Meow meow meow, me-ow. Meow meow
meow meow, meow, meow, meow meow.

Meow, meow meow meow. Meow meow me-ow!
Meow. Meow meow meow, me-ow. Meow meow
meow meow, meow, meow, meow meow. Meow,
meow meow meow. Meow meow me-ow! Meow.
Meow meow meow, me-ow. Meow meow meow
meow, meow, meow, meow meow. Meow, meow
meow meow. Meow meow me-ow! Meow. Meow
meow meow, me-ow. Meow meow meow meow,
meow, meow, meow meow. Meow, meow meow
meow. Meow meow meow! Meow. Meow meow
meow, me-ow. Meow meow meow meow, meow,
meow, meow meow.

Meow, meow meow meow. Meow meow me-ow!
Meow. Meow meow meow, me-ow. Meow meow
meow meow, meow, meow, meow meow. Meow,
meow meow meow. Meow meow me-ow! Meow.
Meow meow meow, me-ow. Meow meow meow
meow, meow, meow, meow meow.

Meow, meow meow meow. Meow meow me-ow!
Meow. Meow meow meow, me-ow. Meow meow
meow meow, meow, meow, meow meow. Meow,
meow meow meow. Meow meow me-ow! Meow.
Meow meow meow, me-ow. Meow meow meow
meow, meow, meow, meow meow. Meow, meow
meow meow. Meow meow me-ow! Meow. Meow
meow meow, me-ow. Meow meow meow meow,
meow, meow, meow meow. Meow, meow meow
meow. Meow meow meow! Meow. Meow meow
meow, me-ow. Meow meow meow meow, meow,
meow, meow meow.

Meow, meow meow meow. Meow meow me-ow!
Meow. Meow meow meow, me-ow.

Meow meow meow meow, meow, meow, meow meow.
Meow, meow meow meow. Meow meow me-ow!
Meow. Meow meow meow, me-ow. Meow meow
meow meow, meow, meow, meow meow.

Meow, meow meow meow. Meow meow me-ow!
Meow. Meow meow meow, me-ow. Meow meow
meow meow, meow, meow, meow meow. Meow,

meow meow meow. Meow meow me-ow! Meow.
Meow meow meow, me-ow. Meow meow meow
meow, meow, meow, meow meow. Meow, meow
meow meow. Meow meow me-ow! Meow. Meow
meow meow, me-ow. Meow meow meow meow,
meow, meow, meow meow. Meow, meow meow
meow. Meow meow meow! Meow. Meow meow
meow, me-ow. Meow meow meow meow, meow,
meow, meow meow.

Meow, meow meow meow. Meow meow me-ow!
Meow. Meow meow meow, me-ow. Meow meow
meow meow, meow, meow, meow meow. Meow,
meow meow meow. Meow meow me-ow! Meow.
Meow meow meow, me-ow. Meow meow meow
meow, meow, meow, meow meow.

Meow, meow meow meow. Meow meow me-ow!
Meow. Meow meow meow, me-ow. Meow meow
meow meow, meow, meow, meow meow. Meow,
meow meow meow. Meow meow me-ow! Meow.

Meow meow meow, me-ow. Meow meow meow
meow, meow, meow, meow meow. Meow, meow
meow meow. Meow meow me-ow! Meow. Meow
meow meow, me-ow. Meow meow meow meow,
meow, meow, meow meow. Meow, meow meow
meow. Meow meow meow! Meow. Meow meow
meow, me-ow. Meow meow meow meow, meow,
meow, meow meow.

Meow, meow meow meow. Meow meow me-ow!
Meow. Meow meow meow, me-ow.

Meow meow meow meow, meow, meow, meow meow.
Meow, meow meow meow. Meow meow me-ow!
Meow. Meow meow meow, me-ow. Meow meow
meow meow, meow, meow, meow meow.

Meow, meow meow meow. Meow meow me-ow!
Meow. Meow meow meow, me-ow. Meow meow
meow meow, meow, meow, meow meow. Meow,
meow meow meow. Meow meow me-ow! Meow.
Meow meow meow, me-ow. Meow meow meow
meow, meow, meow, meow meow. Meow, meow
meow meow. Meow meow me-ow! Meow. Meow
meow meow, me-ow. Meow meow meow meow,
meow, meow, meow meow. Meow, meow meow
meow. Meow meow meow! Meow. Meow meow
meow, me-ow. Meow meow meow meow, meow,
meow, meow meow.

Meow, meow meow meow. Meow meow me-ow!
Meow. Meow meow meow, me-ow. Meow meow
meow meow, meow, meow, meow meow. Meow,
meow meow meow. Meow meow me-ow! Meow.
Meow meow meow, me-ow. Meow meow meow
meow, meow, meow, meow meow.

Meow, meow meow meow. Meow meow me-ow!
Meow. Meow meow meow, me-ow. Meow meow
meow meow, meow, meow, meow meow. Meow,

meow meow meow. Meow meow me-ow! Meow.
Meow meow meow, me-ow. Meow meow meow
meow, meow, meow, meow meow. Meow, meow
meow meow. Meow meow me-ow! Meow. Meow
meow meow, me-ow. Meow meow meow meow,
meow, meow, meow meow. Meow, meow meow
meow. Meow meow meow! Meow. Meow meow
meow, me-ow. Meow meow meow meow, meow,
meow, meow meow.

Meow, meow meow meow. Meow meow me-ow!
Meow. Meow meow meow, me-ow.

Meow meow meow meow, meow, meow, meow meow.
Meow, meow meow meow. Meow meow me-ow!
Meow. Meow meow meow, me-ow. Meow meow
meow meow, meow, meow, meow meow.

Meow, meow meow meow. Meow meow me-ow!
Meow. Meow meow meow, me-ow. Meow meow
meow meow, meow, meow, meow meow. Meow,
meow meow meow. Meow meow me-ow! Meow.
Meow meow meow, me-ow. Meow meow meow
meow, meow, meow, meow meow. Meow, meow
meow meow. Meow meow me-ow! Meow. Meow
meow meow, me-ow. Meow meow meow meow,
meow, meow, meow meow. Meow, meow meow
meow. Meow meow meow! Meow. Meow meow
meow, me-ow. Meow meow meow meow, meow,
meow, meow meow.

Meow, meow meow meow. Meow meow me-ow!
Meow. Meow meow meow, me-ow. Meow meow
meow meow, meow, meow, meow meow. Meow,
meow meow meow. Meow meow me-ow! Meow.
Meow meow meow, me-ow. Meow meow meow
meow, meow, meow, meow meow.

Meow, meow meow meow. Meow meow me-ow!
Meow. Meow meow meow, me-ow. Meow meow
meow meow, meow, meow, meow meow. Meow,
meow meow meow. Meow meow me-ow! Meow.
Meow meow meow, me-ow. Meow meow meow
meow, meow, meow, meow meow. Meow, meow
meow meow. Meow meow me-ow! Meow. Meow
meow meow, me-ow. Meow meow meow meow,
meow, meow, meow meow. Meow, meow meow
meow. Meow meow meow! Meow. Meow meow
meow, me-ow. Meow meow meow meow, meow,
meow, meow meow.

Meow, meow meow meow. Meow meow me-ow!
Meow. Meow meow meow, me-ow.

Meow meow meow meow, meow, meow, meow meow.
Meow, meow meow meow. Meow meow me-ow!

Meow. Meow meow meow, me-ow. Meow meow
meow meow, meow, meow, meow meow.

Meow, meow meow meow. Meow meow me-ow!
Meow. Meow meow meow, me-ow. Meow meow
meow meow, meow, meow, meow meow. Meow,

meow meow meow. Meow meow me-ow! Meow.
Meow meow meow, me-ow. Meow meow meow
meow, meow, meow, meow meow. Meow, meow
meow meow. Meow meow me-ow! Meow. Meow
meow meow, me-ow. Meow meow meow meow,
meow, meow, meow meow. Meow, meow meow
meow. Meow meow meow! Meow. Meow meow
meow, me-ow. Meow meow meow meow, meow,
meow, meow meow.

Meow, meow meow meow. Meow meow me-ow!
Meow. Meow meow meow, me-ow. Meow meow
meow meow, meow, meow, meow meow. Meow,
meow meow meow. Meow meow me-ow! Meow.
Meow meow meow, me-ow. Meow meow meow
meow, meow, meow, meow meow.

Meow, meow meow meow. Meow meow me-ow!
Meow. Meow meow meow, me-ow. Meow meow
meow meow, meow, meow, meow meow. Meow,
meow meow meow. Meow meow me-ow! Meow.
Meow meow meow, me-ow. Meow meow meow
meow, meow, meow, meow meow. Meow, meow
meow meow. Meow meow me-ow! Meow. Meow
meow meow, me-ow. Meow meow meow meow,
meow, meow, meow meow. Meow, meow meow
meow. Meow meow meow! Meow. Meow meow
meow, me-ow. Meow meow meow meow, meow,
meow, meow meow.

Meow, meow meow meow. Meow meow me-ow!
Meow. Meow meow meow, me-ow.

Meow meow meow meow, meow, meow, meow meow.
Meow, meow meow meow. Meow meow me-ow!
Meow. Meow meow meow, me-ow. Meow meow
meow meow, meow, meow, meow meow.

Meow, meow meow meow. Meow meow me-ow!
Meow. Meow meow meow, me-ow. Meow meow
meow meow, meow, meow, meow meow. Meow,
meow meow meow. Meow meow me-ow! Meow.
Meow meow meow, me-ow. Meow meow meow
meow, meow, meow, meow meow. Meow, meow
meow meow. Meow meow me-ow! Meow. Meow
meow meow, me-ow. Meow meow meow meow,
meow, meow, meow meow. Meow, meow meow
meow. Meow meow meow! Meow. Meow meow
meow, me-ow. Meow meow meow meow, meow,
meow, meow meow.

Meow, meow meow meow. Meow meow me-ow!
Meow. Meow meow meow, me-ow. Meow meow
meow meow, meow, meow, meow meow. Meow,
meow meow meow. Meow meow me-ow! Meow.
Meow meow meow, me-ow. Meow meow meow
meow, meow, meow, meow meow.

Meow, meow meow meow. Meow meow me-ow!
Meow. Meow meow meow, me-ow. Meow meow
meow meow, meow, meow, meow meow. Meow,

meow meow meow. Meow meow me-ow! Meow.
Meow meow meow, me-ow. Meow meow meow
meow, meow, meow, meow meow. Meow, meow
meow meow. Meow meow me-ow! Meow. Meow
meow meow, me-ow. Meow meow meow meow,
meow, meow, meow meow. Meow, meow meow
meow. Meow meow meow! Meow. Meow meow
meow, me-ow. Meow meow meow meow, meow,
meow, meow meow.

Meow, meow meow meow. Meow meow me-ow!
Meow. Meow meow meow, me-ow.

Meow meow meow meow, meow, meow, meow meow.
Meow, meow meow meow. Meow meow me-ow!
Meow. Meow meow meow, me-ow. Meow meow
meow meow, meow, meow, meow meow.

Meow, meow meow meow. Meow meow me-ow!
Meow. Meow meow meow, me-ow. Meow meow
meow meow, meow, meow, meow meow. Meow,
meow meow meow. Meow meow me-ow! Meow.
Meow meow meow, me-ow. Meow meow meow
meow, meow, meow, meow meow. Meow, meow
meow meow. Meow meow me-ow! Meow. Meow
meow meow, me-ow. Meow meow meow meow,
meow, meow, meow meow. Meow, meow meow
meow. Meow meow meow! Meow. Meow meow
meow, me-ow. Meow meow meow meow, meow,
meow, meow meow.

Meow, meow meow meow. Meow meow me-ow!
Meow. Meow meow meow, me-ow. Meow meow
meow meow, meow, meow, meow meow. Meow,
meow meow meow. Meow meow me-ow! Meow.
Meow meow meow, me-ow. Meow meow meow
meow, meow, meow, meow meow.

Meow, meow meow meow. Meow meow me-ow!
Meow. Meow meow meow, me-ow. Meow meow
meow meow, meow, meow, meow meow. Meow,
meow meow meow. Meow meow me-ow! Meow.
Meow meow meow, me-ow. Meow meow meow
meow, meow, meow, meow meow. Meow, meow
meow meow. Meow meow me-ow! Meow. Meow
meow meow, me-ow. Meow meow meow meow,
meow, meow, meow meow. Meow, meow meow
meow. Meow meow meow! Meow. Meow meow
meow, me-ow. Meow meow meow meow, meow,
meow, meow meow.

Meow, meow meow meow. Meow meow me-ow!
Meow. Meow meow meow, me-ow.

Meow meow meow meow, meow, meow, meow meow.
Meow, meow meow meow. Meow meow me-ow!
Meow. Meow meow meow, me-ow. Meow meow
meow meow, meow, meow, meow meow.


Meow …

Printed in Great Britain
by Amazon

53195411R00076